365
ORAÇÕES e REFLEXÕES

Uma para cada dia do ano

alto astral

365 ORAÇÕES E REFLEXÕES – ANO 1 – 2020 – ISBN 978-85-344-0029-9

EDITORA-CHEFE Tais Castilho
EDITORA Lirian Pádua **REDAÇÃO** Liliane Encarnação e Paulinha Alves
DESIGN Angela A. Soares e Renan Oliveira **ESTAGIÁRIOS** Giovanne Ramos,
Nathália Sousa (redação) e Amanda Trevisan (arte) **IMPRESSÃO** LIS Gráfica
CAPA/PRODUÇÃO GRÁFICA Angela A. Soares **IMAGENS** Msnty/Shutterstock Images
COLABORADORAS Fernanda Villas Bôas (assistente editorial) e Rosane Coutinho (edição)

*Fica proibida a reprodução parcial ou total de qualquer
texto ou imagem deste produto sem autorização prévia dos
responsáveis pela publicação.*

ESTA É UMA PUBLICAÇÃO DA

alto astral
e d i t o r a

CONSELHO João Carlos de Almeida e Pedro José Chiquito

DIREÇÃO Silvino Brasolotto Junior

COMERCIAL Marcelo Pelegia **MARKETING** Flaviana Castro

ENDEREÇOS
BAURU Rua Gustavo Maciel, 19-26, CEP 17012-110, Bauru, SP. Caixa Postal 471, CEP 17015-970,
Bauru, SP. Fone (14) 3235-3878, Fax (14) 3235-3879
SÃO PAULO Alameda Vicente Pinzon, Nº 173, 4º Andar, CEP 04547-130, Vila Olímpia, São Paulo, SP.

ATENDIMENTO AO LEITOR ✆ (14) 3235-3885 De segunda à sexta, das 8h às 18h
atendimento@astral.com.br Caixa Postal 471, CEP 17015-970, Bauru, SP

Dados Internacionais de Catalogação na Publicação (CIP)
Angélica Ilacqua CRB-8/7057

P14t	Pádua, Lirian
	365 Orações e reflexões / Lirian Pádua. -- Bauru, SP :
	Editora Alto Astral, 2020.
	224 p.
	ISBN: 978-85-344-0029-9
	1. Orações 2. Devoções diárias 3. Meditações I. Castilho, Tais II.
	Pádua, Lirian
19-2281	CDD 242.74

Índices para catálogo sistemático:

1. Orações - Devoções diárias 242.74

"Habitue-se a ouvir a voz do seu coração. É através dele que Deus fala conosco e nos dá a força que necessitamos para seguirmos em frente, vencendo os obstáculos que surgem na nossa estrada."

(Santa Dulce dos Pobres)

JANEIRO

DIA 1

"Jesus, homem de fé e amor, neste primeiro dia do ano e por todos os que se sucederem a ele, olhe por nós e nos faça dignos de sermos Teus servos. Cheios de devoção a Ti, agradecemos pelo nosso alimento, pela nossa moradia, pela nossa saúde, pela nossa família, pelos nossos amigos, por todas as bênçãos que derrama em nossas vidas. Te louvamos e honramos todos os dias. Amém."

"Eu digo que há algo do mistério divino em tudo que existe. Podemos testemunhar isso admirando um girassol ou uma papoula. Mais desse mistério insondável podemos ver numa borboleta pousada num galho - ou num peixinho dourado nadando num aquário. Mas chegamos mais perto de Deus através da alma que existe dentro de nós. Somente por meio dela é que podemos nos reunir ao grande mistério da vida. Sim, em momentos extraordinários podemos experimentar, no nosso íntimo, esse mistério divino."

(O Mundo de Sofia - Jostein Gaarder)

DIA 2

"Abundância para cada um dos meus dias. Sabedoria para cada uma das minhas ações. Tranquilidade para poder executar minhas tarefas. Amor para poder espalhar a Sua palavra. Paixão para poder ter e ser uma boa companhia. Uma família cheia de graça e, principalmente, com muita saúde, porque sei do fundo do coração que estás comigo, conosco, e prometo louvar-vos hoje e todos os dias deste mês. Consciente de que Deus não escolhe pessoas capacitadas, mas sim que Ele capacita os escolhidos, dai-me forças Senhor, hoje e todos os dias deste abençoado primeiro mês do ano. Amém."

"Você só vive uma vez. É sua obrigação aproveitar a vida da melhor forma possível."

(Como Eu Era Antes de Você - Jojo Moyes)

DIA 3

"Com efeito, de tal modo Deus amou o mundo, que lhe deu seu Filho único, para que todo o que nele crer não pereça, mas tenha a vida eterna. Pois Deus não enviou o Filho ao mundo para condená-lo, mas para que o mundo seja salvo por ele. Quem nele crê não é condenado, mas quem não crê já está condenado, porque não crê no nome do Filho único de Deus."

(João 3:16-18)

> **"Não sou um pássaro, e nenhuma gaiola vai me prender. Sou um ser humano livre..."**
>
> (Jane Eyre - Charlotte Brontë)

DIA 4

"Que o exemplo de Maria de Nazaré ilumine meus dias para que os ganhos de causas judiciais, as aquisições materiais e as admissões profissionais passem na frente. Amém."

> **"É mais fácil fazer a coisa certa desde o início para que não tenha que pedir desculpas depois."**
>
> (Por Lugares Incríveis - Jennifer Niven)

DIA 5

"Meus Deus, eu vos agradeço por sempre me permitir sair com vitórias das lutas que travo em minha vida. Obrigado(a), Senhor!"

> **"O ódio desperta rixas; a caridade, porém, supre todas as faltas."**
>
> (Provérbios 10:12)

DIA 6

"Anjo da guarda, meu amigo, meu protetor desde o nascimento. Agradeço por estar comigo quando eu estive doente ou quando sofri. Espero que eu tenha muitos anos de vida, para todos os dias eu lhe oferecer esta oração: 'Santo anjo do Senhor, meu zeloso guardador, se a ti me confiou a piedade divina, sempre me rege, me guarde, me governe, me ilumine.' "

"Tanto homens quanto mulheres deveriam se sentir livres para serem sensíveis. Tanto homens quanto mulheres deveriam se sentir livres para serem fortes. É hora de todos começarmos a entender o gênero com uma só visão, ao invés de dois lados de ideais opostos. Se pararmos de nos definir pelo que não somos e começarmos a nos definir pelo que somos, todos podemos ser mais livres."

(Emma Watson)

DIA 7

"Bendito seja Deus, o Pai de nosso Senhor Jesus Cristo! Na Sua grande misericórdia, Ele nos fez renascer pela ressurreição de Jesus Cristo dentre os mortos, para uma viva esperança, para uma herança incorruptível, incontaminável e imarcescível, reservada para vós nos céus; para vós que sois guardados pelo poder de Deus, por causa da vossa fé, para a salvação que está pronta para se manifestar nos últimos tempos."

(1Pedro 1:3-5)

"Pois só quem ama pode ter ouvido capaz de ouvir e de entender estrelas."

(Via-Láctea - Olavo Bilac)

DIA 8

"Digo a verdade em Jesus Cristo, não minto; a minha consciência me dá testemunho pelo Espírito Santo: sinto grande pesar, incessante amargura no coração. Porque eu mesmo desejaria ser reprovado, separado de Cristo, por amor de meus irmãos, que são do mesmo sangue que eu, segundo a carne. Eles são os israelitas; a eles foram dadas a adoção, a glória, as alianças, a Lei, o culto, as promessas e os patriarcas; deles descende Cristo, segundo a carne, o qual é, sobre todas as coisas, Deus bendito para sempre. Amém."

(Romanos 9:1-5)

"O homem nunca pode parar de sonhar. O sonho é o alimento da alma, como a comida é o alimento do corpo."

(O Diário de um Mago - Paulo Coelho)

DIA 9

"Virgem santíssima, Mãe de Jesus, redentora nossa. Deixai que a ternura que extravasa esse coração piedoso, acostumado com o sofrimento e com a tolerância, chegue para nós e para as nossas famílias. Ó sagrado coração de Maria, concedei-nos alívio nas intempéries para que tenhamos forças e assim alcancemos a bem-aventurança. Sagrado coração de Maria, intercedei por nós."

"A vida vai lhe dar exatamente o que você dá a ela. Faça tudo de coração e reze, depois é só esperar."
(Eu Sei Por Que o Pássaro Canta na Gaiola - Maya Angelou)

DIA 10

"Deus meu, sustenta-me com o Teu poder e não permita que eu caia. Leva-me em Tua tranquilidade, pois ao Teu lado eu tenho a certeza de que nada me faltará e mal nenhum me atingirá. Aceite minha vida, que entrego a Ti, e seja sempre o meu alicerce, Deus meu. Amém."

"Uma criança, um professor, um livro e um lápis podem mudar o mundo."
(Malala Yousafzai)

DIA 11

"Senhor Jesus Cristo, eu Vos agradeço por todas as graças que alcancei até agora em minha vida. Preciso que me ensines a entrar em Vosso coração com amor incondicional, para que não vacile em nenhum momento sequer. Que eu faça por merecer todas as bênçãos que me são dadas por Vossa bondade e paciência."

"Abra mão da necessidade de ser perfeito para que a oportunidade seja autêntica. Seja quem você é. Ame quem você é. Os outros farão o mesmo."

(O Milagre da Manhã - Hal Elrod)

DIA 12

"O Senhor tudo sabe e tudo sempre saberá. Perdoa a minha ousadia e fraqueza espiritual. Está a cada dia mais difícil resistir aos vícios e sucumbir às tentações. Por isso, imploro a Sua ajuda para me manter na virtude. Fortaleça a minha fé. Por toda a eternidade, na fortaleza da Sua palavra. Amém."

"Mas, veja, não importa de onde eu venho, mas sim para onde vou."

(A Lógica Inexplicável da Minha Vida - Benjamin Alire Sáenz)

DIA 13

"Senhor, na luta do bem contra o mal, todos sabem que o bem vencerá e Sua santa palavra triunfará. Por isso, neste momento, eu peço para que corras os quatro cantos de minha casa e ilumine a minha família, eliminando dela toda a violência que se faz presente. Por Sua honra e glória. Amém."

"Quando você olha dentro dos olhos de alguém pode ver muito sobre a pessoa."
(Passarinha - Kathryn Erskine)

DIA 14

"Eis o Deus que me salva, tenho confiança e nada temo, porque minha força e meu canto é o Senhor, e Ele foi o meu salvador. Vós tirareis com alegria água das fontes da salvação e direis naquele tempo: 'Louvai o Senhor, invocai o Seu nome, fazei que Suas obras sejam conhecidas entre os povos; proclamai que Seu nome é sublime. Cantai ao Senhor, porque Ele fez maravilhas, e que isto seja conhecido por toda a terra. Exultai de gozo e alegria, habitantes de Sião, porque é grande no meio de vós o Santo de Israel.'"

(Isaías 12:2-6)

"... os momentos quietos são os mais barulhentos. O silêncio fala alto..."
(Mais do que Palavras Podem Dizer -
Brigid Kemmerer)

DIA 15

"Senhor, hoje só quero lhe dizer que agradeço por sempre me amparar, por sempre me trazer lucidez e esperança através de Seus ensinamentos e palavras. Obrigado(a) por conservar minha família e meus amigos ao meu lado. Amém."

"Pedi e se vos dará. Buscai e achareis. Batei e vos será aberto. Porque todo aquele que pede, recebe. Quem busca, acha. A quem bate, se abrirá."

(Mateus 7:7-8)

DIA 16

"Meu Pai abençoado, protegei as crianças que são puras e não carregam o peso da maldade em suas almas. Faça com que elas tenham mais um dia de paz, de segurança, de amor de mãe e pai, de amigos, de avós, de tios... Mostre a elas que ainda resta uma esperança, pois, só assim, salvaremos nossas crianças de tantas dores físicas e espirituais. Amém!"

"Não vos aconselho o trabalho, mas a luta. Não vos aconselho a paz, mas o triunfo. Vosso trabalho seja uma luta, vossa paz seja um triunfo."

(Assim Falou Zaratustra - Friedrich Nietzsche)

DIA 17

"Pai, amado Deus, rogo para que aqueles que buscam a paz, procurem-na dentro de seus corações. Se não a encontrarem, procurem-na dentro de sua alma. Se ainda assim, não a acharem, tentem encontrar alguém ao seu redor para lhes dar apoio. Isso tudo sempre conversando com o Senhor, ó Deus, nosso Pai, que nos entende em nossa totalidade espiritual."

"Todo caminho que trilhamos pela primeira vez é muito mais longo do que o mesmo caminho quando já o conhecemos."
(A Montanha Mágica - Thomas Mann)

DIA 18

"Querido Jesus, fazei com que eu viva de acordo com os Seus ensinamentos. Tenho que pensar que a vida é muito curta para acordar e ter arrependimentos. Preciso, sim, aprender a perdoar e a não errar. Preciso, sim, amar as pessoas que me tratam bem. Senhor, no que eu errei, dê-me uma segunda chance e vou agarrá-la com as duas mãos. Obrigado(a), Jesus, meu amigo, meu irmão!"

"O que receia o mal, este cai sobre ele. O desejo do justo lhe é concedido."
(Provérbios 10:24)

DIA 19

"Ouve, Senhor, a minha oração, e inclina os Teus ouvidos ao meu clamor; não te cales perante as minhas lágrimas, porque sou um estrangeiro contigo e peregrino, como todos os meus pais. Poupa-me, até que tome alento, antes que me vá, e não seja mais."
(Salmo 39:12-13)

"Rasguem os corações, abram seus corações, porque só em um coração rasgado e aberto pode entrar o amor misericordioso do Pai que nos ama e nos cura."
(Deus Não se Cansa de Perdoar! -
Papa Francisco)

DIA 20

"Disse o Senhor Jesus, em Mateus: 'não jurarás pela tua cabeça, porque não podes tornar um cabelo branco ou preto'. Também os ensinamentos divinos nos ensinam que não cai um só cabelo do homem que não seja da vontade divina. E que nada foi feito sem a aprovação de Deus. Assim sendo, como posso desprezar a vida que Deus me deu? E, por isso, eu aceito esta minha existência, honrando todos os princípios do bem. Amém."

"A única revolução que pode transformar as estruturas do mundo é a que realizamos no estreito e delicado território da alma."
(O Discípulo da Madrugada -
Pe. Fábio de Melo)

DIA 21

"Pai Eterno, toca a minha alma e me faz enxergar a beleza da Tua obra. Que eu seja capaz de amar e alegrar-me apreciando toda a Tua perfeita criação. Mostre-me o caminho que lhe agrada e conduz meus passos da vida em Terra até os céus. Que eu possa aprender com Tua sabedoria e gozar da Tua luz."

"A chance é como um presente, não tem dia certo nem hora para chegar. Ela aparece para todos, mas somente os atentos, aqueles que têm mente aberta e coração desperto, conseguem percebê-la."

(Morada das Lembranças - Daniella Bauer)

DIA 22

"Disse o Senhor Jesus: 'vinde a mim todos os que estão cansados e sobrecarregados e eu vos aliviarei'. Pois estou neste momento de fraqueza precisando de sua fortaleza. Faz de mim o Teu filho forte e pleno de alegria. E lembre-se não só de mim, lembre-se daqueles que estão passando por todos os tipos de privação. Amém."

"Às vezes as coisas mais ordinárias podem transformar-se em extraordinárias, simplesmente se realizadas pelas pessoas certas."

(Um Homem de Sorte - Nicholas Sparks)

DIA 23

"Ó Senhor, pelo amor de Cristo abra o meu coração para que eu reconheça a Sua misericórdia. Eu sou uma pessoa que já passou por muitas provações em meu caminho, mas sempre tive ajuda dos santos, anjos e de pessoas caridosas que vieram em meu socorro. Me dê forças para sempre louvá-lo. Amém."

"Quando deres esmola, que tua mão esquerda não saiba o que fez a direita. Assim, a tua esmola se fará em segredo; e teu Pai, que vê o escondido, irá recompensar-te."

(Mateus 6:3-4)

DIA 24

"Deus, venho até Vós para dizer o quanto desejo que fortaleça a minha fé e faça o meu espírito crescer. Quero amanhecer e dormir com a paz de uma criança e a leveza de um anjo. Quero que aceite o meu pedido de perdão, na Sua essência de fortaleza e sabedoria, com todo o sentimento da minha alma. Amém!"

"O melhor modo de viver em paz é nutrir o amor-próprio dos outros com pedaços do nosso."

(Helena - Machado de Assis)

DIA 25

"Pai abençoado, orienta-me para que eu não saia jamais do caminho que escolhi para mim. Que minha fé e determinação me façam sempre enfrentar os caminhos com sabedoria. Quando eu estiver no comando, que nunca me falte coragem para discutir os problemas e colocar os meus pontos de vista com sutileza, sem ferir àqueles que em mim acreditam. Pai de bondade eterna, que eu seja feliz recebendo sempre as Suas bênçãos."

**"... é preciso ter vontade
de ouvir e de aprender
para mudar a realidade.
Principalmente ouvir.
Ouvir de verdade."**
(A Lista Negra - Jennifer Brown)

DIA 26

"Senhor meu Deus, em Ti confio; salva-me de todos os que me perseguem, e livra-me. Para que ele não arrebate a minha alma, como leão, despedaçando-a, sem que haja quem a livre."
(Salmo 7:1-2)

**"Mas você não precisa entender
as pessoas sempre. Ninguém
consegue, por mais que tente. Mais
do que compreensão, as pessoas
buscam apoio, ou às vezes só
alguém disposto a ouvir."**
(Céu Sem Estrelas - Iris Figueiredo)

DIA 27

"Rainha de Nazaré, bendita sois vós entre as mulheres. Tu és a mais pura e piedosa, e por isso recebeu Jesus em teu ventre e o trouxe a nós. Interceda junto ao teu poderoso Filho. Cuida de mim, minha Mãe!"

"Algumas cicatrizes ficarão, só isso. Você não precisa guardar o remorso e as coisas ruins no bolso."
(Não Se Iluda, Não - Isabela Freitas)

DIA 28

"Jesus, que eu possa honrar o meu trabalho e ser honrado(a) por ele. Que o alimento não falte à minha mesa e que o meu repouso jamais seja atormentado pelas dúvidas do amanhã. A minha fé nutre a minha marcha e revigora a minha perseverança. Amém"

"A experiência é a única coisa que traz o conhecimento..."
(O Mágico de Oz - L. Frank Baum)

DIA 29

"Meu santo de devoção, que me protege e ilumina, agradeço por toda inspiração e ajuda recebida. Com muita confiança e fé, deposito minhas esperanças em ti para que continue me guiando infinitamente em sua bondade, sabedoria e justiça. Amém."

"Há uma quantidade finita de água, de terra, de ar; mas a vida que exige nascer é infinita."
(O Lobo do Mar - Jack London)

DIA 30

"Peço a Deus que proteja todos aqueles que estão longe dos meus olhos, mas dentro do meu coração. Que suas vidas sejam venturosas, que seus frutos sejam abundantes, que suas obras sejam honradas, que suas trajetórias sejam inspiradoras. E que Deus, em Sua absoluta misericórdia, providencie para que nosso reencontro não demore mais. Só assim será possível aplacar a saudade que cresce no meu peito. Amém."

———————

"As coisas que fazemos sobrevivem a nós. São como os monumentos que as pessoas erguem em honra dos heróis depois que eles morrem. Como as pirâmides que os egípcios construíam para homenagear os faraós. Só que, em vez de pedra, são feitas das lembranças que as pessoas têm de você. Por isso nossos feitos são nossos monumentos. Construídos com memórias em vez de pedra."

(Extraordinário - R. J. Palacio)

———————

DIA 31

"Quando destes aos apóstolos de Cristo o dom de falar línguas e proclamar a todos os cantos da terra as verdades magníficas do santo evangelho, proclamastes a grandeza de Deus e Seu desejo de dar aos homens a fé e a esperança. Movidos por este exemplo, ousamos pedir a Vossa compreensão para a situação que enfrentamos no cotidiano e que não temos forças suficientes para aceitar todo o peso. Glorioso Espírito Santo, proporcionai a nós a capacidade de entender os desígnios do Pai. Pedimos, com o coração humilde, que transforme nossa fraqueza em força, nossa dúvida em certeza e nossa belicosidade em tolerância, e que possamos um dia chegar a merecer o Vosso convívio."

"... o cérebro de um homem, originalmente, é como um sótão vazio, que deve ser entulhado com os móveis que escolhermos. Um tolo o enche com todos os tipos de quinquilharia que vai encontrando pelo caminho, a ponto de os conhecimentos que lhe seriam úteis ficarem soterrados, ou, na melhor das hipóteses, tão misturados às outras coisas que ficaria difícil selecioná-los."

(Um Estudo em Vermelho - Sir Arthur Conan Doyle)

FEVEREIRO

DIA 1

"Por todos os santos e mártires de Vossa causa, sabedor que sou de que 'um com Deus é maioria', peço-vos Senhor que me abençoe e me dê a força de uma legião de anjos e santos. Preciso que este seja um mês abençoado por Vós em toda Sua honra e toda Sua glória. Quero estar apto a render-vos graças todos os dias e professar maravilhas em Vosso nome. Quero vencer minhas lutas e batalhas diárias. Preciso de amor, fé, compaixão e paciência. Preciso de um trabalho digno. Necessito estar em paz e ter muita saúde. Que assim seja em nome de Vossa misericórdia. Amém."

"Amar uma pessoa querida é possível com um amor humano; mas só é possível amar um inimigo com o amor divino. (...) Amando com o amor humano, é possível passar do amor ao ódio; mas o amor divino não pode mudar. Nada, nem a morte, nada pode destruí-lo. Ele é a essência da alma."

(Guerra e Paz - Liev Tolstói)

DIA 2

"Minha querida Nossa Senhora, que a tudo consola e ampara, coloque paz nas minhas ações. Seja intercessora entre mim e seu filho Jesus Cristo, pedindo que Ele envie muita luz para a minha vida e a de todos que convivem comigo. Amém!"

"Cada homem é árbitro de suas próprias virtudes. Você considerar o ato corajoso ou não é mais importante que o ato em si."
(O Som e a Fúria - William Faulkner)

DIA 3

"Bem-aventurado aquele que teme ao Senhor e anda nos Seus caminhos. Pois comerás do trabalho das tuas mãos; feliz serás, e te irá bem. A tua mulher será como a videira frutífera aos lados da tua casa; os teus filhos como plantas de oliveira à roda da tua mesa. Eis que assim será abençoado o homem que teme ao Senhor. O Senhor te abençoará desde Sião, e tu verás o bem de Jerusalém em todos os dias da tua vida. E verás os filhos de teus filhos, e a paz sobre Israel."

(Salmo 128)

"O principal motivo que impede a maioria das pessoas de conseguir o que quer é não saber o que quer."
(Os Segredos da Mente Milionária - T. Harv Eker)

DIA 4

"Bendito é Deus, que te liberta de tudo o que passou. Tu não te prendes ao passado, tua libertação aponta para o futuro radiante e ensolarado. Tu não te prendes à ilusão de outros tempos, porque tu és mudança constante, tu és nobre transformação, tu és projeto divino. 'Vivo firme no chão do presente, com a leveza de quem olha para frente!'"

"Se as nuvens estão bloqueando o sol, sempre tento ver aquela luz por trás delas, o lado bom das coisas, e me lembro de continuar tentando..."

(O Lado Bom da Vida - Matthew Quick)

DIA 5

"Em nome de nosso Deus; do Seu filho Jesus; de todos os homens santificados; das legiões dos santos anjos, eu peço licença e me perdoo do mal que eu tenha feito em qualquer época ou lugar. Eu me perdoo e peço perdão aos céus e terra. A todos que eu tenha, porventura, magoado, ofendido ou ferido. Eu te peço perdão, pois sou livre através do perdão. Amém."

"Porque nada há oculto que não deva ser descoberto, nada secreto que não deva ser publicado. Se alguém tem ouvidos para ouvir, que ouça."
(Marcos 4:22-23)

DIA 6

"Louvai ao Senhor todas as nações, louvai-o todos os povos. Porque a Sua benignidade é grande para conosco, e a verdade do Senhor dura para sempre. Louvai ao Senhor."

(Salmo 117)

"O que os outros acham de você não a define, e sim como você se vê, a forma como pensa de si mesma."
(A Ilha dos Dissidentes - Bárbara Morais)

DIA 7

"Jesus, lhe ofereço o meu espírito para que as minhas dores não sejam maiores do que a minha capacidade de crer. Que a minha alma seja aquecida pela força do seu amor. Amém."

"Criatividade significa você acreditar que tem grandeza."
(Pensamentos de Sabedoria - Dr. Wayne W. Dyer)

DIA 8

"Senhora Aparecida, peço de todo coração que me cubra com seu manto e olhe por mim nos momentos de necessidade, fazendo-me digno de receber suas bênçãos. Amém."

"Bem-aventurança significa felicidade. Toda pessoa feliz é bem-aventurada."
(Oito Vias Para Ser Feliz - Frei Betto)

DIA 9

"Bendito seja o Senhor, porque ouviu a voz das minhas súplicas. O Senhor é a minha força e o meu escudo; nele confiou o meu coração, e fui socorrido; assim o meu coração salta de prazer, e com o meu canto o louvarei. O Senhor é a força do seu povo; também é a força salvadora do seu ungido. Salva o Teu povo, e abençoa a Tua herança; e apascenta-os e exalta-os para sempre." (Salmo 28:6-9)

"O amor é a coisa mais bela de todas, porque o amor é ação. O amor é cuidado."

(Ágape - Padre Marcelo Rossi)

DIA 10

"Meu Deus, lhe peço humildemente ajuda em minhas limitações para que eu nunca falte convosco e possa ser uma pessoa merecedora da Tua graça. Usa-me em Tua obra, meu Pai, pois feliz me sinto sendo parte do Teu milagre."

"Deixemos, pois, de nos julgar uns aos outros; antes, cuidai em não pôr um tropeço diante do vosso irmão ou dar-lhe ocasião de queda."

(Romanos 14:13)

DIA 11

"Maria, mãe de misericórdia, eu peço que abra meus caminhos para livrar-me das obstruções, das tentações, das ilusões, das recusas, das maledicências, dos obstáculos. Que a Senhora, Rainha dos Céus, traga a resposta para sanar a dúvida; traga a coragem para eliminar o medo; traga a vitória para demolir a derrota; traga a certeza para expulsar a indecisão. Que a Senhora, a quem os anjos se curvam, esteja ao meu lado para mostrar ao meu problema que ele não é maior do que a minha fé. Maria Santíssima, minha augusta soberana, passe na frente das barreiras que impedem o meu caminhar. Cuide de mim e dos meus com o amor que extrapola as fronteiras do coração de mãe. Maria passa na frente, hoje, amanhã e sempre. Amém."

"Os sonhos precisam de persistência e coragem para serem realizados. Nós os regamos com nossos erros, fragilidades e dificuldades. Quando lutamos por eles, nem sempre as pessoas que nos rodeiam nos apoiam e nos compreendem. Às vezes somos obrigados a tomar atitudes solitárias, tendo como companheiros apenas nossos próprios sonhos."

(Nunca Desista de Seus Sonhos - Augusto Cury)

DIA 12

"Pai amado e misericordioso, transformador de todas as coisas, socorra Vossos servos e servas, e livre-os da injustiça que a sociedade vem impondo a todos. Faça com que este mundo seja um lugar melhor para que cada um possa viver mais tranquilamente, e dai fé e espírito de amor eterno a todos. Deus Pai, rogai por nós!"

> **"Você não precisa de força para deixar as coisas para trás. Só precisa de compreensão."**
> **(Stars - As Estrelas Entre Nós - Anna Todd)**

DIA 13

"Jesus, Tu fostes o que fez o cego enxergar e o paralítico andar. Fostes o que curou e ressuscitou os que acreditaram em Teu poder divino. Ajuda-nos, Senhor, operando um milagre na vida dos doentes que já perderam as esperanças. Sei que a fé em Ti faz o impossível ser real. Olhai pelos doentes, Jesus."

> **"Alcançar o equilíbrio na sua vida pessoal é mais importante do que um saldo positivo na sua conta bancária."**
> **(Chris Gardner)**

DIA 14

"Meu querido Santo Antônio, peço por aqueles que procuram por uma pessoa para compartilhar a jornada da vida. Que em Sua grandiosa bondade, Ele possa cruzar os caminhos dos seus servos e servas, de modo que um agregue à vida do outro, levando amor e companheirismo. Eu Lhe agradeço. Amém."

"O homem é o único ser consciente na terra; essa é sua glória e é também sua agonia. Depende de você se será agonia ou glória. A consciência é uma espada de dois gumes. Você recebeu algo tão valioso que não sabe o que fazer com ele; é quase como uma espada nas mãos de uma criança. A espada pode ser usada corretamente, pode proteger, mas a espada também pode ferir. Tudo o que pode se tornar uma bênção pode também se tornar uma maldição; depende de como você o usa."

(A Jornada de Ser Humano - Osho)

DIA 15

"Bem-aventurado o homem que põe no Senhor a sua confiança, e que não respeita os soberbos nem os que se desviam para a mentira. Muitas são, Senhor meu Deus, as maravilhas que tens operado para conosco, e os Teus pensamentos não se podem contar diante de Ti; se eu os quisera anunciar, e deles falar, são mais do que se podem contar. Sacrifício e oferta não quiseste; os meus ouvidos abriste; holocausto e expiação pelo pecado não reclamaste. Então disse: Eis aqui venho; no rolo do livro de mim está escrito. Deleito-me em fazer a Tua vontade, ó Deus meu; sim, a Tua lei está dentro do meu coração. Preguei a justiça na grande congregação; eis que não retive os meus lábios, Senhor, Tu o sabes. Não escondi a Tua justiça dentro do meu coração; apregoei a Tua fidelidade e a Tua salvação. Não escondi da grande congregação a Tua benignidade e a Tua verdade. Não retires de mim, Senhor, as Tuas misericórdias; guardem-me continuamente a Tua benignidade e a Tua verdade."

(Salmo 40:4-11)

———————

"Temos todas as chances para esperar muita felicidade, mas... é preciso que trabalhemos para merecê-la. E isso não é fácil. É preciso trabalhar, fazer o bem, não ser preguiçoso e jogador, se se quer merecer a felicidade. Preguiça pode parecer atraente, mas trabalho dá satisfação."

(O Diário de Anne Frank - Anne Frank)

———————

DIA 16

"Que possamos ser diferentes e ao mesmo tempo iguais. Que possamos nos conhecer e sermos um só. Que possamos nos conhecer e sermos dois, se assim o decidirmos. Que possamos nos conhecer sem nos desprezarmos uns aos outros, pois Deus nos julga e nos ama segundo as nossas ações. Que a paz habite nossos corações e ele esteja livre de diferenças. Amém."

"Existe sempre uma saída para aqueles inteligentes o bastante para encontrá-la."
(A Maldição do Titã - Rick Riordan)

DIA 17

"Jesus Cristo, filho de Deus, ajude-me a suportar as provações da vida terrena. Ensine-me a encarar cada obstáculo como um degrau que me levará à tão sonhada libertação. Que eu possa envergar diante das dificuldades, mas jamais quebrar o alicerce do meu espírito. Que eu jamais me desvirtue da palavra do Senhor."

"Nós nunca devemos nos esquecer de onde viemos, para que não repitamos a história. Nossas histórias devem ser passadas para nossos filhos e para nossas filhas, pois, com apenas uma geração, a história e a verdade são perdidas para sempre."
(Crônicas de Morrighan: A Origem do Amor - Mary E. Pearson)

DIA 18

"Pai de amor, Deus de bondade, que o Senhor me ajude em minha caminhada, de tal maneira que eu seja alguém que dê orgulho aos meu pais e a mim mesmo. Que eu tenha bondade em meus pensamentos e ações. Que eu saiba o valor das coisas materiais e alimente meu espírito só daquilo que vem do Senhor. Amém."

"Adquirir sabedoria vale mais que o ouro; antes adquirir a inteligência que a prata."
(Provérbios 16:16)

DIA 19

"Que neste dia da nossa boca só saiam palavras boas. Que nossa mão só dirija pelo caminho reto. Que nossas fraquezas sejam relevadas e só nos lembremos de fazer o bem. Que a fé esteja presente, por meio da oração que o Pai nos ensinou. Amém!"

"O perdão é o medicamento mais completo que existe: não tem nenhum efeito colateral, não faz mal e cura completamente. Quando uma pessoa consegue perdoar um erro que a outra cometeu por não ter consciência naquele momento, não está fazendo algo apenas por quem errou, mas por si mesma. Ela se cura."
(10 Respostas Que Vão Mudar Sua Vida - Pe. Reginaldo Manzotti)

DIA 20

"'Assim, mantenham-se firmes, cingindo-se com o cinto da verdade, vestindo a couraça da justiça'. É com a couraça da justiça que me visto todos os dias para levar a palavra do Senhor aonde quer que eu vá. Aonde quer que eu vá, suplico que a verdade seja soberana, que os inocentes conquistem a liberdade e que os desvalidos sejam assistidos. Amém."

"Você tem que encontrar o que você ama. E isso é tão verdadeiro para o seu trabalho quanto para seus relacionamentos. Seu trabalho vai preencher uma grande parte da sua vida e a única maneira de estar realmente satisfeito é fazer o que você acredita ser um ótimo trabalho. E a única maneira de fazer um ótimo trabalho é amar o que você faz. Se você ainda não encontrou o que é, continue procurando. Não se acomode. Como em todos os assuntos do coração, você saberá quando encontrar. E, como qualquer grande relacionamento, só fica melhor e melhor à medida que os anos passam. Então continue procurando. Não se acomode."

(Steve Jobs)

DIA 21

"Deus é luz e nele não há treva alguma. Se dizemos ter comunhão com Ele, mas andamos nas trevas, mentimos e não seguimos a verdade. Se, porém, andamos na luz como Ele mesmo está na luz, temos comunhão recíproca uns com os outros, e o sangue de Jesus Cristo, seu Filho, nos purifica de todo pecado. Se dizemos que não temos pecado, enganamo-nos a nós mesmos, e a verdade não está em nós. Se reconhecemos os nossos pecados, Ele é fiel e justo para nos perdoar os pecados e para nos purificar de toda injustiça."

(1João 1:5-9)

"Não acho que seja covardia admitir que você se enganou. Na verdade, se quer saber, acho que é uma prova de coragem."

(A Terra Longa - Terry Pratchett e Stephen Baxter)

DIA 22

"Somos todos uma grande família aos olhos do Senhor. Filhos e filhas de Deus, fomos criados para receber e dar amor. Que a luz do Pai faça com que sejamos cada vez mais solidários com os outros, e que entendamos a necessidade de olhar para o próximo com o desejo da partilha, do perdão e da disponibilidade. Amém."

"Porque quando você domina a arte de desfrutar da própria companhia, a felicidade vem."

(Vacas - Dawn O'Porter)

DIA 23

"Senhor Deus, Vós que governais com justiça e misericórdia, aceitai a prece que humildemente faço, do fundo do meu coração. Pela ardorosa fé do Vosso amado filho, nosso Senhor Jesus Cristo, abençoai minha família. Manifesta-se, Senhor, em proveito e benefício de todos os que habitam minha casa e todos os meus familiares, presentes ou ausentes. Pai celeste, seja o Vosso amor a substância de nossos entes queridos, que lutam pelo alimento de cada dia. Amém."

—————◢—————

"Mesmo quando temos dificuldades em compreender, não quer dizer que jamais iremos entender. O amadurecimento de um ser humano é como o de uma planta, de uma flor. Não podemos forçar para que se abra, pois suas pétalas quebrariam. Às vezes, ficamos impacientes com pessoas próximas de nós. Como se tivessem a obrigação de entender, de perceber, de amadurecer o seu olhar maior. E nos esquecemos de que tudo tem seu tempo."

(A Sabedoria da Transformação - Monja Coen)

—————◢—————

DIA 24

"Jesus, seja o meu escudo contra todo o mal. Que os ímpios não alcancem os meus passos e que as ofensas não penetrem os meus ouvidos. E que a justiça prevaleça como sinal da Sua ilustre soberania. Jesus, seja o meu escudo contra todo o mal! Amém."

"Lembra-te da pobreza quando estiveres na abundância e das necessidades da indigência no dia da riqueza. Entre a manhã e a tarde muda o tempo, e tudo isto acontece num instante aos olhos de Deus."

(Eclesiástico 18:25-26)

DIA 25

"Maria de Nazaré, foi com a virtude suprema do amor que começou a ser construída a sua fortaleza espiritual, com a qual recebeu o presente dos presentes: Nosso Senhor Jesus Cristo. Por tudo isso, peço-te que meu espírito forte e íntegro passe na frente, enquanto as dúvidas, os reveses e os enganos fiquem para trás. Ajuda-me, Maria, a conseguir o meu intento. Amém."

"A pessoa mais qualificada para liderar não é a pessoa fisicamente mais forte. É a mais inteligente, a mais culta, a mais criativa, a mais inovadora. E não existem hormônios para esses atributos."

(Sejamos Todos Feministas - Chimamanda Ngozi Adichie)

DIA 26

"Jesus, peço de todo o meu coração que o Senhor cuide dos animais de rua que não têm alimento para comer e nem um teto para dormir. Que o Senhor olhe por eles e cuide para que consigam achar um lar feliz, responsável e amoroso que os acolha. Que eles não adoeçam, não passem fome, não sejam destratados, pois são puros de alma e criaturas feitas pelo Senhor, teu Pai. Olhe por eles, Jesus, e os abençoe com sua compaixão. Amém."

"... uma das coisas que aprendi é que se deve viver apesar de. Apesar de, se deve comer. Apesar de, se deve amar. Apesar de, se deve morrer. Inclusive muitas vezes é o próprio apesar de que nos empurra para a frente."

(Uma Aprendizagem ou o Livro dos Prazeres - Clarice Lispector)

DIA 27

"Nosso Senhor Jesus Cristo, que derramou Seu sangue na cruz, nós lhe imploramos que continue a nos proteger. Continue a olhar por todos aqueles que seguem a palavra do Senhor e acabe com o ódio e os maus pensamentos que porventura possam nos habitar. Amém."

"Aquele que mente a si mesmo e escuta sua própria mentira vai ao ponto de não mais distinguir a verdade, nem em si, nem em torno de si; perde pois o respeito de si e dos outros."

(Os Irmãos Karamazov - Fiodor Dostoievski)

DIA 28

"Ó Deus de bondade infinita que se apresenta por todas as partes. Neste momento de prece, quero agradecer-vos pela vida que me destes. Sou, meu Pai, ainda pequeno diante de tanto amor e beleza, sabedoria e extensão. Mas sei, Pai, que um dia o encontrarei e o verei face a face, após cumpridas minhas jornadas de retorno a Vós. Busco-vos neste momento como um filho que necessita de algo, necessito de Vós! No ar que respiro estais presente. Na água que bebo, sinto Vossos fluídos inundado meu corpo. No cenário infinito dos céus busco-vos e Vos encontro dentro de mim. Pai de amor e bondade, Pai das minhas alegrias, Pai das minhas procuras, inundai-me de Vós para que eu sinta a harmonia que indica caminhos seguros. Abraçai-me, Pai, guiai-me para que eu encontre o futuro que me preparastes com sabedoria e amor. Sou Vosso filho que agora entende essa filiação. Resguardai-me de mim mesmo. Aprovai minhas buscas por Vós e encaminhai-me, Senhor!"

"Viver plenamente é encarar a vida a partir de uma afirmação de valor. Significa cultivar a coragem, a compaixão e a sintonia necessárias para acordar pela manhã e pensar: 'Não importa o que eu faça ou deixe de fazer, eu sou suficiente'. É ir para a cama à noite pensando: 'Sim, sou imperfeito e vulnerável e, às vezes, tenho medo, mas isso não muda o fato de que sou corajoso e digno de amor e pertencimento.'"

(A Arte da Imperfeição - Brené Brown)

MARÇO

DIA 1

"Tudo vai dar certo. Com a presença de todos os santos, anjos e arcanjos do mês de março, e pela intercessão de Maria, Mãe de Jesus, eu sei que tudo dará certo. Acredito em Nossa Senhora, pois seu Filho, Jesus Cristo, sabe que ela nos abençoa em nossos sonhos, emanando-nos força, fé e coragem, e dando a bondade de sua energia pura. Peço para ser uma pessoa vitoriosa e conseguir todos os meus objetivos. Amém."

"O que mais tememos não é o conhecido. O conhecido, por mais horrível ou prejudicial à existência, é algo que podemos compreender. Sempre podemos reagir ao conhecido. Podemos traçar planos contra ele. Podemos aprender suas fraquezas e derrotá-lo. Podemos nos recuperar de seus ataques. (...) Mas o desconhecido desliza através de nossos dedos, tão insubstancial quanto o nevoeiro."

(A Menina Submersa - Caitlín R. Kiernan)

DIA 2

"Ajuda-me, ó Senhor meu Deus, salva-me segundo a Tua misericórdia. Para que saibam que esta é a Tua mão, e que Tu, Senhor, o fizeste. Amaldiçoem eles, mas abençoa Tu; quando se levantarem fiquem confundidos; e alegre-se o Teu servo. Vistam-se os meus adversários de vergonha, e cubram-se com a sua própria confusão como com uma capa. Louvarei grandemente ao Senhor com a minha boca; louvá-lo-ei entre a multidão. Pois se porá à direita do pobre, para o livrar dos que condenam a sua alma." (Salmo 109:26-31)

————————

"O amor, seja ele um recém-nascido ou um renascido de uma dormência como que de morte, deve sempre criar o brilho do sol, enchendo o coração de tamanha radiância que transborde para o mundo exterior."

(A Letra Escarlate - Nathaniel Hawthorne)

————————

DIA 3

"Deus, por mais um dia tenho a chance de aproveitar a graça divina que o Senhor nos deste: a vida. E, por isso, só tenho a Lhe agradecer. Reconheço que em algumas vezes falhei e deixei minhas fraquezas falarem mais alto do que o amor que tenho por Ti. Por isso, imploro-lhe perdão. Amém."

————————

"Quanto mais você fingir ser quem não é, mais difícil será voltar ao que se é de verdade."

(Fique Forte - Nick Vujicic)

————————

DIA 4

"Todo-Poderoso, Tu que és amor e paz, ouve minha prece. Finda o meu tormento e ilumina a minha mente para recebê-lo por completo. Que eu tenha forças suficientes para obedecer o Teu chamado e dedicar-me à Tua obra. Amém."

> **"Quem acredita que o seu lugar é o pódio está sempre estressado, competindo, tentando passar na frente. Quem não tem pretensões ao pódio vive uma vida mais alegre."**
>
> **(Paisagens da Alma - Rubem Alves)**

DIA 5

"Nossa Senhora, que unificou a família ao receber no seu ventre o filho de Deus, faça com que meus laços afetivos sejam resistentes às adversidades. Que o diálogo, a afeição e irmandade passem na frente; que a ofensa, a miséria e os percalços fiquem para trás!"

> **"Pensamos que somos invencíveis porque realmente somos. Não nascemos, nem morremos. Como toda energia, nós simplesmente mudamos de forma, de tamanho e de manifestação."**
>
> **(Quem é Você, Alasca? - John Green)**

DIA 6

"Ouve, Senhor, a minha voz quando clamo; tem também piedade de mim, e responde-me. Quando Tu disseste: 'Buscai o meu rosto; o meu coração disse a ti'; o Teu rosto, Senhor, buscarei. Não escondas de mim a Tua face, não rejeites ao Teu servo com ira; Tu foste a minha ajuda, não me deixes nem me desampares, ó Deus da minha salvação. Porque, quando meu pai e minha mãe me desampararem, o Senhor me recolherá. Ensina-me, Senhor, o Teu caminho, e guia-me pela vereda direita, por causa dos meus inimigos."

(Salmo 27:7-11)

"Algumas lembranças nunca podem ser deixadas para trás. Elas não pertencem ao passado. Elas pertencem a você."

(A 5ª Onda - Rick Yancey)

DIA 7

"Senhor Jesus, pelo Teu sangue derramado e pelas Tuas chagas de remissão da humanidade, perdoe-nos e permita que sejamos merecedores da Tua presença. Faça com que a Tua glória chegue a cada uma das pessoas que se põem de joelhos e clamam Teu sagrado nome. Vivemos por Vós e com Vós, Senhor."

"Que nossas filosofias sigam no mesmo passo das nossas tecnologias. Que nossa compaixão siga no mesmo passo dos nossos poderes. E que o amor, e não o medo, seja o motor da mudança."

(Origem - Dan Brown)

DIA 8

"Ave-Maria, cheia de graça, o Senhor é convosco, bendita sois vós entre as mulheres e bendito é o fruto do vosso ventre, Jesus. Santa Maria, mãe de Deus, rogai por nós pecadores, agora e na hora de nossa morte. Amém."

———

"A vida pode ser difícil, bonita e caótica, mas, com um pouco de sorte, a sua será longa. Se for, você verá que é também imprevisível e que há momentos de escuridão. Mas eles passam, às vezes graças a muito apoio externo, e o túnel se alarga, permitindo que os raios de sol entrem. Se você estiver na escuridão, pode parecer que vai continuar nela para sempre. Tateando às cegas. Sozinho. Mas não vai – e não está sozinho. Há muitas pessoas dispostas a ajudá-lo a voltar à luz."

(Eu Estive Aqui - Gayle Forman)

———

DIA 9

"Louvamos a Jesus Cristo, em Sua santíssima bondade e fidelidade, por ter enfrentado sofrimentos, dores e chagas na Santa Cruz em nome dos nossos pecados. Louvamos pelo perdão que esperamos de Vós, Jesus, e cheios de emoção, acreditamos que grandioso em Sua resignação fará com que seus seguidores jamais esqueçam desta passagem bíblica, quando de Sua crucificação: 'Pai, perdoa-lhes, porque não sabem o que fazem!'"

"Que não existe nada por acaso. Que estamos todos ligados. Que não se pode separar uma vida da outra, assim como não se separa a brisa do vento."

(As Cinco Pessoas que Você Encontra no Céu - Mitch Albom)

DIA 10

"Bendito é Deus, que te protege dos traiçoeiros. O braço daquele que planeja te ferir se torna duro como pedra. Sua língua se enrola quando vai te maldizer. Sua flecha treme e sua arma falha! Agora, a fidelidade te acompanha, todo coração que anda contigo é leal. 'Deus marca, amansa e afasta de mim todos os falsos!'"

"Vá atrás do que você quer com toda a paixão que tiver. Nada esvazia um coração mais completamente do que o arrependimento."

(Professor Feelgood - Leisa Rayven)

DIA 11

"Deus Todo-Poderoso, criador do céu e da terra, seja louvado por Vossa imensa bondade e saiba que nesta casa se manifesta o melhor do Seu amor. Aqui, o amor do Pai celeste se concretiza com abundância a todos que nela habitam. Um milhão de graças Vos peço, Senhor, Deus Todo-Poderoso, criador do céu e da terra, seja louvado hoje e sempre. Amém."

> **"... mais importante do que localizar a saída é conhecer o labirinto."**
> **(Sorrisos Quebrados - Sofia Silva)**

DIA 12

"Jesus, exalto a Sua compaixão pelos pecadores. Sei que errei, mas o meu arrependimento é a semente do Seu perdão. Que a Sua generosidade me reconduza à estrada do bem; que as provações disciplinem a minha conduta; e que o Seu abraço remova as máculas do meu coração. Amém."

> **"Considerai com que amor nos amou o Pai, para que sejamos chamados filhos de Deus. E nós o somos de fato."**
> **(1João 3:1)**

DIA 13

"Deus, olhai por todos aqueles que estão em alguma situação de desamparo. Olhai por todos aqueles que estão nos hospitais, pelos pais de família sem emprego, pelos pobres e oprimidos. Por todos aqueles que necessitam de uma palavra amiga, um sorriso, um aperto de mão ou apenas de um olhar misericordioso que faça cessar a sua dor. Dê o consolo de que tanto necessitam. Amém."

"... quando não quebramos diante das dificuldades, saímos mais fortalecidos. Deus é o oleiro que nos molda, e as provações nos fazem mais fortes e íntegros."

(Philia - Padre Marcelo Rossi)

DIA 14

"Deus Pai, ensina-nos a nos redimir através da fé, para que possamos um dia voltar a conviver em harmonia com toda a Tua criação. Faça com que vejamos todos os animais com apreço e respeito, e olha pelos seres que sofrem nas mãos dos homens. Interceda por nós, São Francisco de Assis. Amém."

"De todos os mistérios da vida, um dos mais difíceis de decifrar é o tempo. Ele não volta, não se antecipa, não se adianta nem se atrasa: é uma entidade acima e além de todas as coisas, não se deixa moldar, torcer ou enganar."

(Os Três Encontros - Rúbia Dias)

DIA 15

"Senhor, venha até mim enquanto eu durmo. Proteja-me e orienta-me para o dia que está por vir. Revigora-me nesta noite para que eu possa acordar em plenitude e gozar do milagre da vida que o Senhor me concedeste. Amém."

"Cada lugar onde você deposita seu amor e sua dedicação acaba se tornando um pouquinho de quem você é. E eu tenho certeza que a junção de tudo isso te transformou numa pessoa extraordinária!"

(Escrito em Algum Lugar - Vitor Martins)

DIA 16

"Meu amado Pai Todo-Poderoso, agradecemos pela oportunidade de nos ajudar a formar laços de amor cristão com Vosso filho Jesus Cristo, pois somente assim caminharemos para o mesmo fim, que é encontrar e firmar a paz no coração das pessoas que ainda não o encontraram. Oremos confiantes em Deus, Jesus Cristo e a Virgem Maria. Assim seja!"

"O poder reside onde os homens acreditam que reside. Nem mais, nem menos."

(A Fúria dos Reis - George R. R. Martin)

DIA 17

"Perguntaram os ouvintes: 'Quem então poderá salvar-se?'. Respondeu Jesus: 'O que é impossível aos homens, é possível a Deus.' Pedro então disse: 'Vê, nós abandonamos tudo e te seguimos.'Jesus respondeu: 'Em verdade vos declaro: ninguém há que tenha abandonado, por amor do reino de Deus, sua casa, sua mulher, seus irmãos, seus pais ou seus filhos, que não receba muito mais neste mundo e no mundo vindouro a vida eterna.'"
(Lucas 18:26-30)

**"A liberdade (...) é um dos mais
preciosos dons que os céus deram
aos homens; não podem se comparar
com ela os tesouros que a terra
abriga nem o mar esconde..."**
(Dom Quixote - Miguel de Cervantes)

DIA 18

"Ó Maria, vós sois a prova do amor incondicional pelo mundo. Nos inunde de amor, compaixão e respeito por nossos irmãos, nos protegendo das disputas e brigas. Envolve-nos com seu amor maternal e protegei-nos das maldades que nos espreitam. Amém."

**"... a importância dada
aos bens terrenos está
sempre em razão inversa
da fé na vida futura."**
**(O Evangelho Segundo o Espiritismo –
Allan Kardec)**

DIA 19

"Compassivo e glorioso São José, ofereço-te o meu esforço como forma de retribuir-lhe o empenho que tiveste em Terra. E peço-te, meu santo, que olhe por mim em meu trabalho, para que eu seja sempre capaz de lutar em vida e assim aprender o dom da humildade que me aproxima do Senhor. Amém."

"... o amor e a raiva não podem ser gerados simultaneamente na mesma pessoa. Enquanto estivermos zangados com um determinado objeto, nesse exato momento não poderemos sentir amor; do mesmo modo, enquanto estivermos sentindo amor, a um só tempo não poderemos sentir raiva. Isso indica que os dois tipos de consciência são mutuamente exclusivos, contraditórios. Assim, uma vez que nos acostumemos mais com uma classe de atitudes, a outra, por decorrência, enfraquece. É o motivo pelo qual, através da prática e do aumento da compaixão e do amor - a fase positiva do pensamento - o outro lado, como é natural, diminui."

**(Bondade, Amor e Compaixão -
Dalai Lama)**

DIA 20

"Ouve, ó Deus, o meu clamor; atende à minha oração. Desde o fim da terra clamarei a Ti, quando o meu coração estiver desmaiado; leva-me para a rocha que é mais alta do que eu. Pois tens sido um refúgio para mim, e uma torre forte contra o inimigo. Habitarei no Teu tabernáculo para sempre; abrigar-me-ei no esconderijo das Tuas asas (Selá). Pois tu, ó Deus, ouviste os meus votos; deste-me a herança dos que temem o Teu nome. Prolongarás os dias do rei; e os seus anos serão como muitas gerações. Ele permanecerá diante de Deus para sempre; prepara-lhe misericórdia e verdade que o preservem. Assim cantarei louvores ao Teu nome perpetuamente, para pagar os meus votos de dia em dia."

(Salmo 61)

"Você pode fazer mais amigos em dois meses, interessando-se pelas outras pessoas, do que em dois anos, tentando conseguir o interesse dos outros sobre você."

(Como Fazer Amigos e Influenciar Pessoas - Dale Carnegie)

DIA 21

"Anjo do Senhor, companheiro e guardião, enviado por Deus desde o primeiro momento de minha vida, não permita que eu me afaste de ti, guia-me pela luz, sejas meu eterno amigo e proteja-me do perigo. Hoje, amanhã e por todos os dias. Amém."

"A escuridão não destrói a luz, mas a define. É nosso medo do escuro que lança nossa alegria nas sombras."

(A Arte da Imperfeição - Brené Brown)

Toda as vezes que a palavra Selá aparecer, faça uma pausa e reflita sobre o que foi lido.

DIA 22

"Amado e bondoso Senhor, sabemos que estais conosco todos os dias. Vivemos em um mundo muito violento, com assaltos, estupros, mortes, roubo e várias outras formas de violência física e psicológica. Para que possamos resistir a todo este tipo de dificuldade, pedimos, humildemente, para que o Senhor nos revista com Vossa proteção paterna. Andai à nossa frente sempre, nos livrando de todos os perigos que possam atentar contra a nossa integralidade. Assim seja!"

"Para as rosas, escreveu alguém, o jardineiro é eterno."

(Quincas Borba - Machado de Assis)

DIA 23

"Bendito é Deus, que dissipa qualquer problema. Nada é incerto ao Poder Divino. Deus desfaz qualquer causa impossível. Os filhos de Deus não caem na rede da irritação e da aflição, quando diante de obstáculos ou dos empecilhos. 'Pela tranquilidade, Deus me mostra o remédio, o plano, a saída!'"

"Orgulho-me tanto do que sei que tenho a modéstia suficiente para confessar que não sei tudo."

(Lolita - Vladimir Nabokov)

DIA 24

"Anjo da guarda que me protege noite e dia, que me ampara nas horas difíceis. Anjo da guarda, que nunca me deixa só, eu o glorifico pela luz que emana de sua alma pura. Eu o agradeço por todas as suas intercessões junto ao Pai. Anjo da guarda, eu agradeço. Eu te amo em Cristo. Esteja sempre comigo. Amém!"

"Na correria do dia a dia, as pessoas viviam com os olhos voltados para o chão. E se esqueciam de olhar para o céu noturno."

(1Q84 - Volume 2 - Haruki Murakami)

DIA 25

"Senhor Deus, criador de todas as coisas, só Vós sois capaz de trazer a paz que necessitamos. Transformamos o mundo em um lugar cheio de ódio e de intolerância, e só o Senhor, em Sua infinita bondade pode trazer calmaria para nossos corações, expurgando todo o mal que cometemos."

"Fugir era que nem morrer, só que pior, porque na morte a pessoa vai embora sem saber, e não pode se despedir. Mas na fuga a pessoa sabe que está indo embora, e nem se importa em dizer adeus."

(A Vida Invisível de Eurídice Gusmão - Martha Batalha)

DIA 26

"Que Deus me permita falar como eu quisera, e ter pensamentos dignos dos dons que recebi, porque é Ele mesmo quem guia a sabedoria e emenda os sábios, porque nós estamos nas Suas mãos, nós e nossos discursos, toda a nossa inteligência e nossa habilidade; foi Ele quem me deu a verdadeira ciência de todas as coisas, quem me fez conhecer a constituição do mundo e as virtudes dos elementos, o começo, o fim e o meio dos tempos, a sucessão dos solstícios e as mutações das estações, os ciclos do ano e as posições dos astros, a natureza dos animais e os instintos dos brutos, os poderes dos espíritos e os pensamentos dos homens, a variedade das plantas e as propriedades das raízes. Tudo que está escondido e tudo que está aparente eu conheço: porque foi a sabedoria, criadora de todas as coisas, que me ensinou."

(Sabedoria 7:15-21)

"Nunca conseguirá compreender totalmente uma pessoa se não ver as coisas do seu ponto de vista..."

(O Sol é Para Todos - Harper Lee)

DIA 27

"Deus, Pai de amor e de bondade, que quando meu corpo descansar, eu possa cantar o hino da ressurreição e da vida eterna em Tua casa, ó Senhor. Que eu tenha dignidade de entrar no reino dos céus, e possa olhar e cuidar também daqueles que aqui ficarem. Amém."

"Mais vale um prato de legume com amizade que um boi cevado com ódio."

(Provérbios 15:17)

DIA 28

"Deus Todo-Poderoso, o Senhor conhece meu coração e sabe toda dor que carrego pelas faltas que já cometi. Sei que sou pecador, mas sua infinita misericórdia me dá forças para pedir que sinta meu coração e perdoe todos esses pecados, se for justo aos seus olhos. Obrigado(a), Senhor. Amém."

"Só se chega a algum lugar construindo uma realidade melhor, mesmo que, de início, apenas na própria cabeça. Ou, como Barack disse naquela noite, podemos viver no mundo como ele é, mas ainda podemos trabalhar para criar o mundo que deveria ser."
(Minha História - Michelle Obama)

DIA 29

"Meu Pai, dono da verdadeira paz, assim como me criaste em face de Tua semelhança, permita-me também me espelhar em Tua paz e guia meus pensamentos, minhas palavras e minhas ações para que eu esteja sempre buscando o Teu exemplo de amor verdadeiro. Glorifico Teu nome, meu Deus."

"Num deserto de almas também desertas, uma alma especial reconhece de imediato a outra..."
(Morangos Mofados - Caio Fernando Abreu)

DIA 30

"Louvado seja, Pai Todo-Poderoso, que cedeu Seu filho para morrer na cruz pelos nossos pecados. Pedimos que não nos deixe enganar diante das injustiças, dos maus pensamentos, das más palavras e ações, e das falsidades contra nossos irmãos. Dê-nos, nosso Pai, o entendimento do que é justiça para que nunca pequemos contra seus ensinamentos ou contra a nossa existência divina. Jamais permita que o mal nos destrua. Rogai por nós!"

"Coragem é ser você mesmo todos os dias em um mundo que lhe diz para ser outra pessoa."
(Minha Versão de Você - Christina Lauren)

DIA 31

"Meu Pai digníssimo, venho através dessas humildes palavras pedir que a esperança das pessoas e, principalmente a minha, não esmoreça diante de tantas coisas ruins que vemos todos os dias. Que o mal nunca vença o bem. Que possamos amansar nossos corações e conceder o perdão aos que cometeram erros atrozes. Também perdoe nossos pecados e dê-nos coragem para mudarmos para melhor. Amém."

"O amigo não se conhece durante a prosperidade, e o inimigo não se pode esconder na adversidade. Quando um homem é feliz, seus inimigos estão tristes; é na desgraça que se reconhece um amigo."
(Eclesiástico 12:8-9)

ABRIL

DIA 1

"Por todos os anjos e demais mártires deste mês de abril, eu vos rogo Senhor o perdão dos meus pecados, e que transforme a minha vida a cada dia. Perdoa meus pecados. Te amo muito, te necessito sempre, estás no mais profundo de meu coração. Cobre com Tua luz preciosa a minha família, minha casa, meu lugar, meu emprego, minhas finanças, meus sonhos, meus projetos e meus amigos. Hoje e em todos os dias da minha vida. Amém."

----●----

"A paz exterior é impossível sem a paz interior. É de grande nobreza trabalhar em prol de soluções externas, mas elas não podem ser implementadas com sucesso na medida em que a mente humana se mantiver repleta de ódio e rancor. É neste ponto que deve ter início uma mudança profunda."

(A Prática da Meditação Essencial - Dalai Lama)

----●----

DIA 2

"Deus altíssimo, mandaste Jesus à Terra para nos ensinar a amar. Permita-nos seguir os passos de Teu Filho, nosso Salvador, para entendermos a pura compaixão. Obrigado(a), Senhor. Amém."

"Não existe lugar igual à casa da gente."
(O Mágico de Oz - L. Frank Baum)

DIA 3

"Jesus Cristo que está no céu e que tudo suportou nesta terra, dai-me força. Pela salvação de toda a minha família, ajuda-me nos momentos de atribulação, ampare-me em minhas dores, e livra meu corpo e meu espírito de toda e qualquer doença. Amém."

"Cada pessoa é responsável por suas decisões, e se culpar pelas decisões do outro é o maior martírio a que você pode se submeter por aí."
(Não se Iluda, Não - Isabela Freitas)

DIA 4

"Senhor Deus, hoje peço-lhe que fortaleça o coração dos que padecem neste mundo. Peço que ilumine-os com Sua luz divina para que não percam a esperança no pão de cada dia. Amém."

"Temos tudo de que precisamos para ser felizes..."
(Fahrenheit 451 - Ray Bradbury)

DIA 5

"Ó Deus, nosso Senhor, em nome de São Sebastião, a quem curastes as chagas causadas pelos impiedosos, rogo a regeneração de todos aqueles que padecem nos presídios neste momento. Que, sustentados pelo venerável exemplo deste santo protetor, possam os presos, condenados, servirem mais ao Senhor do que aos homens. Possam eles estar livres da tentação, livres do pecado, e sejam abençoados e recuperados. Que se reabilitem de todos os males. Amém."

"Seu lugar é aquele onde você sonha estar."
(Na Minha Pele - Lázaro Ramos)

DIA 6

"A Ti levanto os meus olhos, ó Tu que habitas nos céus. Assim como os olhos dos servos atentam para as mãos dos seus senhores, e os olhos da serva para as mãos de sua Senhora, assim os nossos olhos atentam para o Senhor nosso Deus, até que tenha piedade de nós. Tem piedade de nós, ó Senhor, tem piedade de nós, pois estamos assaz fartos de desprezo. A nossa alma está extremamente farta da zombaria daqueles que estão à sua vontade e do desprezo dos soberbos."

(Salmo 123)

"É preciso ter a mente aberta para enxergar as oportunidades escondidas numa situação."
(Os Quase Completos - Felippe Barbosa)

DIA 7

"Meu Deus milagroso de todos nós e de todos os tempos, dai-nos um pouco da Tua poderosa luz e concede-nos o dom da saúde para que tenhamos paz. Senhor de bondade, permite que estejamos bem de corpo e alma para que possamos segui-lo com o coração livre de dor e cheio de amor. Amém."

"É uma desonra para a morte de nossos entes queridos se nos excluirmos da felicidade. Jogarmos fora o que poderia ter sido e desperdiçarmos nossas oportunidades. Cada um de nós tem um propósito, um destino, e para realizá-lo, é preciso procurar além do que pensamos sermos capazes de fazer."

(O Destino do Tigre - Colleen Houck)

DIA 8

"Divino Mestre e Senhor. No desterro de nossa vida, queremos pedir pela santa esperança. Dai a nós o consolo prometido e fazei com que sejamos trabalhadores constantes da construção do reino dos céus na terra. Seja-nos favorável contar com Vosso perdão misericordioso para que, de corações libertos e sinceros, possamos publicar aos nossos irmãos e irmãs as graças abundantes que recebemos de Vossas mãos amigas e paternas. Infunde em nosso coração a expectativa da certeza de um mundo melhor, de uma família mais unida, de um trabalho mais digno e de uma vida inspirada pela palavra salvífica da Bíblia. Queremos, Senhor, sermos colaboradores e promotores da esperança. Amém."

"Um minuto de reconciliação tem mais mérito do que toda uma vida de amizade."
(Cem Anos de Solidão - Gabriel García Márquez)

DIA 9

"Bendito é Deus, que te fez, te criou, te gerou, Deus te tira o mal que no teu corpo entrou! 'Deus me fez, Deus me criou, Deus me gerou, Deus me tira o mal que no meu corpo entrou!'"

"O nosso futuro não é tão seguro quanto pensamos e não está descansando nas mãos do destino. Ele precisa ser polido da pedra, escavado da lama, e construído lentamente, um dia confuso de cada vez."
(Um Milhão de Mundos Com Você - Claudia Gray)

DIA 10

"Ó Padroeira do Brasil, Senhora da Conceição Aparecida. Advogada dos pecadores, dos aflitos e atribulados, plena da graça de Deus, escolhida por Ele para ser a mãe de nosso Senhor Jesus Cristo, volte seus olhos sacrossantos para nós, pobres pecadores, perdidos neste vale de lágrimas. Mãe extremosa, exemplo para a humanidade, Nossa Senhora Aparecida, padroeira do Brasil que sempre demonstrou especial carinho pelo seu povo, imploramos pela vossa proteção, certos de que nunca nos abandonará nos momentos mais graves das nossas vidas terrenas. Amém."

"A esperança é muito mais brilhante do que a mais profunda escuridão, mas somente nós podemos mantê-la acesa."

(Os Últimos Jedi - Jason Fry)

DIA 11

"Deus Pai, Deus Filho e Deus Espírito, permitam-me enxergar os Teus ensinamentos, me aproximar de Vós e, assim, poder alcançar a paz que Vós nos oferecestes. Que minha vida seja cercada da Tua harmonia e mal nenhum seja capaz de me alcançar. Em nome do Pai, do Filho e do Espírito Santo. Amém."

"Inteligente é o que possui o coração sábio; a doçura da linguagem aumenta o saber."

(Provérbios 16:21)

DIA 12

"Aquele que habita no esconderijo do Altíssimo, à sombra do onipotente descansará. Direi do Senhor: 'Ele é o meu Deus, o meu refúgio, a minha fortaleza, e Nele confiarei'. Porque Ele te livrará do laço do passarinheiro, e da peste perniciosa. Ele te cobrirá com as suas penas, e debaixo das Suas asas te confiarás; a Sua verdade será o teu escudo e broquel. Não terás medo do terror de noite nem da seta que voa de dia. Nem da peste que anda na escuridão, nem da mortandade que assola ao meio-dia. Mil cairão ao teu lado, e dez mil à tua direita, mas tu não serás atingido. Somente com os teus olhos contemplarás e verás a recompensa dos ímpios. Porque Tu, ó Senhor, és o meu refúgio. No Altíssimo fizeste a Tua habitação. Nenhum mal te sucederá, nem praga alguma chegará à tua tenda. Porque aos seus anjos dará ordem a teu respeito, para te guardarem em todos os teus caminhos. Eles te sustentarão nas suas mãos, para que não tropeces com o teu pé em pedra. Pisarás o leão e a cobra; calcarás aos pés o filho do leão e a serpente. Porquanto tão encarecidamente me amou, também eu o livrarei; pô-lo-ei em retiro alto, porque conheceu o meu nome. Ele me invocará, e eu lhe responderei; estarei com ele na angústia; dela o retirarei, e o glorificarei. Fartá-lo-ei com longura de dias, e lhe mostrarei a minha salvação."

(Salmo 91)

"A compaixão é uma fraqueza admirável."
(O Discípulo da Madrugada - Pe. Fábio de Melo)

DIA 13

"Que eu saiba aceitar os desígnios divinos. Que eu entenda que nada me é dado. Tudo nesta terra me é emprestado e tenho que cuidar bem do que me foi confiado. A começar pelo meu próprio corpo. Ele não me pertence, apenas é uma vestimenta com a qual me apresento perante a humanidade. Porque no dia do juízo final estarei sem ele. Estarei diante de Deus Pai como vim ao mundo, exatamente como sou: um espírito, livre, solto. Portanto, leva-me Jesus Cristo, filho de Deus, a aceitar tudo o que me foi dado pelo Pai. Amém."

"Você não pode medir a qualidade de um amor pela quantidade de tempo que dura. Tudo morre, amor inclusive. Às vezes morre com uma pessoa, às vezes morre sozinho."
(A Química Que Há Entre Nós - Krystal Sutherland)

DIA 14

"Nossa Senhora, que a pureza do seu coração materno renove nossos votos cristãos e seja o sustentáculo da nossa fé. Que proteja nossas residências das pragas, acidentes, inundações e tempestades. Que encha-nos de harmonia, união, fartura e alegria, e traga inúmeras bênçãos para as nossas vidas. Amém."

"Nenhuma alma gêmea deixa esse mundo sozinha. Ela sempre leva consigo um pedaço de sua outra metade."
(O Ar Que Ele Respira - Brittainy C. Cherry)

DIA 15

"Primeiramente, dou graças a meu Deus, por meio de Jesus Cristo, por todos vós, porque em todo o mundo é preconizada a Vossa fé. Pois Deus, a quem sirvo em meu espírito, anunciando o Evangelho de seu Filho, me é testemunha de como Vos menciono incessantemente em minhas orações. A Ele suplico, se for de Sua vontade, conceder-me finalmente ocasião favorável de vos visitar. Desejo ardentemente ver-vos, a fim de comunicar-vos alguma graça espiritual, com que sejais confirmados, ou melhor, para me encorajar juntamente convosco naquela vossa e minha fé que nos é comum."

(Romanos 1:8-12)

"(Jesus disse:) 'Este é o meu mandamento: amai-vos uns aos outros, como eu vos amo'."
(João 15: 12)

DIA 16

"Mãe imaculada, assim vos chamamos por ser livre do pecado original, e por ser a escolhida e abençoada para trazer ao mundo o filho de Deus, Jesus Cristo. Ele que tantas pessoas curou, que tantos ensinamentos pregou sobre Suas palavras de fé e tantos milagres fez, sem nada pedir em troca. Nossa Senhora da Imaculada Conceição, rogai por nós! Não nos deixeis cair em tentação e livrai-nos de todo o mal. Amém!"

"Tudo é possível debaixo do sol, — e a mesma coisa sucederá acima dele —, Deus sabe."
(Memorial de Aires - Machado de Assis)

DIA 17

"Meu sagrado coração de Jesus, quando o soldado romano o perfurou com a lança, no derradeiro momento da cruz, de Vós saístes sangue e água. Mais que isso, expusestes Vosso coração para toda a humanidade como sinal de Seu amor eterno para conosco. Não desprezeis os nossos pedidos, ó Filho amado de Deus, mas, por Vossos méritos, concede-nos um coração semelhante ao Vosso. Ensina-nos a perdoar aqueles que muito nos ofendem e nos fazem pecar. Mostra-nos o Vosso peito aberto como sinal de grande misericórdia, e nos auxilie a também olhar com sentimentos bons as pessoas que necessitam de um apoio fraterno e verdadeiro. Amém."

"... este é um dos grandes segredos da vida — curar a alma por meio dos sentidos e os sentidos por meio da alma."
(O Retrato de Dorian Gray - Oscar Wilde)

DIA 18

"Anjo guardião, proteja a minha família. Dai-lhes paz, fé, esperança e a certeza de que não estamos sozinhos neste mundo, pois todos temos um anjo que nos protege e vela nosso sono. Amém."

"Onde não existe amor, também não há razão."
(Memórias do Subsolo - Fiódor Dostoiévski)

DIA 19

"Santo Expedito, rogai por nós! Auxilia-nos nos momentos de tristeza, vazio espiritual, falta de fé e de causas aflitas da carne. Somos fracos diante de tantos pensamentos injustos. Venha em nosso socorro, Santo Expedito, pois somente vós, com sua bondade e alma limpa, poderá nos abençoar. Rogai por nós!"

"Sem lugar para dúvidas de que os tempos mudam e as situações não voltam a se repetir, temos consciência de que os modos de enfrentar a vida têm traços muito comuns, e isso pode se converter, para nós, em fonte constante de inspiração e sabedoria para enfrentarmos nosso momento."

(Deus Não Se Cansa de Perdoar! - Papa Francisco)

DIA 20

"Meu Deus, Vós me destes a inteligência para distinguir o bem do mal, mas peço que me dê forças para resistir diante das tentações que aparecem em meu caminho. Olhai por mim."

"Estar vivo é sentir saudade."
(Tartarugas Até Lá Embaixo - John Green)

DIA 21

"Nós, que esperamos o que não vemos, é em paciência que o aguardamos. Outrossim, o Espírito vem em auxílio à nossa fraqueza; porque não sabemos o que devemos pedir, nem orar como convém, mas o Espírito mesmo intercede por nós com gemidos inefáveis. E aquele que perscruta os corações sabe o que deseja o Espírito, o qual intercede pelos santos, segundo Deus."

(Romanos 8:25-27)

"... o amor cura e ajuda a escalar alturas impossíveis e erguer-se de profundezas imensuráveis."
(Mamãe & Eu & Mamãe - Maya Angelou)

DIA 22

"Meu senhor Jesus Cristo, humildemente Vos peço que tenha dias cheios de boas experiências, boas amizades e momentos abençoados, que só me tragam alegria. Obrigado(a), meu Jesus."

"Assim como o corpo sem a alma é morto, assim também a fé sem obras é morta."
(Tiago 2:26)

DIA 23

"Grande mártir, São Jorge! Tu, que conseguistes converter através das palavras de Cristo muitos daqueles que não se firmavam como cristãos verdadeiros, tende piedade de nós. Ó, Mártir São Jorge, venho a vós para que me glorifiqueis com sua bondade e tamanha benignidade, e para pedir que me protejas do mal da inveja, dos perigos de roubo, assalto e sequestro, e daquilo que possa causar algum mal a minha saúde. Obrigado(a), meu mártir, confio no seu discernimento quanto ao meu pedido. Amém!"

"Aceitar a morte não quer dizer que você não vai ficar arrasado quando alguém que você ama morrer. Quer dizer que você vai ser capaz de se concentrar na sua dor, sem o peso de questões existenciais maiores como 'Por que as pessoas morrem?' e 'Por que isso está acontecendo comigo?'. A morte não está acontecendo com você. Está acontecendo com todo mundo."
(Confissões do Crematório - Caitlin Doughty)

DIA 24

"Seja-nos favorável, Deus de misericórdia. Fazei de meu lar um ambiente propício para o cultivo do amor. Que nunca em nossa convivência possa haver qualquer princípio de desavença entre mulher e marido, filhos e pais, e parentes. Concedei-nos que os inimigos não possam influenciar os habitantes de casa para que façam maldades dentro do sagrado lar em que habitamos. Livrai-nos da violência familiar, seja física ou psicológica, e concedei-nos o sentimento de respeito por todos aqueles que dividem sua vida sob o mesmo teto. Não queremos ser portadores de agressão. Por Cristo, nosso Senhor. Amém."

"Você não pode viver assim, com medo dos 'e ses'. Não pode prever o futuro, só fazer o melhor com o que tem, enquanto tem."
(A História de Nós Dois - Dani Atkins)

DIA 25

"Lavai-vos, purificai-vos. Tirai vossas más ações de diante de meus olhos. Cessai de fazer o mal, aprendei a fazer o bem. Respeitai o direito, protegei o oprimido; fazei justiça ao órfão, defendei a viúva."

(Isaías 1:16-17)

"Há uma diferença entre realmente amar alguém e amar a ideia dessa pessoa."
(Garota Exemplar - Gillian Flynn)

DIA 26

"Nossa Senhora, mãe de Deus, mãe do mundo. Nossa Senhora, mãe de misericórdia. Nossa Senhora, mãe piedosa. Rogai por mim e por todos os pecadores. Peço que interceda junto a seu amado Filho para que nossas graças sejam concedidas. E não nos deixe cair em tentação, nem que nossa fé seja diminuída. Muitas vezes, mãe amada, nos queixamos da vida e das coisas aparentemente ruins que nos acontecem, mas não nos esquecemos de que nada é por acaso, e que tudo tem um propósito. Senhora, toda manhã fazei-me lembrar que meu dia tem que ser devotado a ti e ao teu Filho, nosso Senhor Jesus Cristo. Peço para inspirar os pensamentos, guiar meus atos e apaziguar os sentimentos ruins, de tal forma que jamais nossa fé seja diminuída e as tentações ganhem força. Nossa Senhora, mãe de Deus, mãe do mundo. Nossa Senhora, mãe de misericórdia. Nossa Senhora, minha mãe. Rogai por mim."

"Se ainda temos de apontar para alguns grupos que devem ser respeitados e incluídos é porque estamos muito, muito distantes do coração bondoso, terno, acolhedor, humilde da compaixão ilimitada."
(Monja Coen)

DIA 27

"Pelo sinal da santa cruz, livrai-nos Deus, nosso Senhor, de nossos inimigos. Em nome do Pai, do Filho e do Espírito Santo, amém!"

"É muito simples: só se vê bem com o coração. O essencial é invisível aos olhos."

(O Pequeno Príncipe - Antoine de Saint-Exupéry)

DIA 28

"Ave-Maria, cheia de graça ante o Senhor que te disseste através do arcanjo Gabriel: 'Eis que conceberás no teu seio e darás à luz um filho a quem porás o nome de Jesus'. Mãe amada de Jesus, 'o Espírito Santo descerá sobre ti e o poder do altíssimo te cobrirá com a Sua sombra; por isso também o que nascer será chamado santo, Filho de Deus'. Bendita és tu entre as mulheres e bendito é o fruto do teu ventre! Salve Maria, nossa mãe sacratíssima, volte teus olhos magníficos para nós e nos socorra nos momentos em que o desânimo e o desespero atormentarem nossas almas. Amém!"

"Ninguém realmente se parece por fora com o que é de fato por dentro. Nem você. Nem eu. As pessoas são muito mais complicadas que isso. É assim com todo mundo."

(O Oceano no Fim do Caminho - Neil Gaiman)

DIA 29

"Suplico a Jesus que esteja presente na nossa caminhada rumo ao saber. Que nossos instrutores sejam tomados pelo entusiasmo criador para nos conduzir à formação plena. Acenda a chama no coração dos instrutores e alunos. Amém."

"... a cegueira também é isto, viver num mundo onde se tenha acabado a esperança."
(Ensaio Sobre a Cegueira - José Saramago)

DIA 30

"Ainda que eu falasse as línguas dos homens e dos anjos, e não tivesse amor, seria como o metal que soa ou como o sino que tine. E ainda que tivesse o dom de profecia, e conhecesse todos os mistérios e toda a ciência, e ainda que tivesse toda a fé, de maneira tal que transportasse os montes, e não tivesse amor, nada seria. E ainda que distribuísse toda a minha fortuna para sustento dos pobres, e ainda que entregasse o meu corpo para ser queimado, e não tivesse amor, nada disso me aproveitaria. O amor é sofredor, é benigno; o amor não é invejoso; o amor não trata com leviandade, não se ensoberbece.Não se porta com indecência, não busca os seus interesses, não se irrita, não suspeita mal; não folga com a injustiça, mas folga com a verdade; tudo sofre, tudo crê, tudo espera, tudo suporta."

(1 Coríntios 13:1-7)

"Se não há amor, não só a vida das pessoas se torna árida, mas também a das cidades."
(A Amiga Genial - Elena Ferrante)

MAIO

DIA 1

"Senhor Jesus, oro a Vós para que traga até mim uma solução e me livre da preocupação que aflige os meus dias no trabalho. Alimente, Senhor, minha alma de coragem e fé para que eu tenha sabedoria, clareza, compreensão e saiba aceitar aquilo que me é ordenado, com calma e grandeza de espírito para enfim ter a paz que busco. Senhor Jesus, afaste de mim qualquer incerteza ou tristeza que possa atrapalhar essa luz que o Senhor estará emanando para o meu coração. Obrigado(a) por essa doce chance. Amém!"

"A vida é tão linda que a morte se apaixonou por ela, e é um amor ciumento, possessivo, que tenta controlar o que pode. Mas a vida escapa a esse controle com a maior facilidade, perdendo apenas uma coisinha ou outra sem grande importância e, para ela, a tristeza nada mais é que a sombra passageira de uma nuvem."
(A Vida de Pi - Yann Martel)

DIA 2

"O amor de mãe é incondicional, nada se compara a ele e nada o abala. Por isso, Deus, peço que sempre me ajude a respeitá-la e enchê-la de carinho, bem como aproveitar todas as alegrias junto dela em todas as suas comemorações, porque na hora em que ela se for, terei somente lembranças boas e sinceras. Assim, imploro-lhe, Deus, para me dar forças e benevolência no coração e na alma, para valorizar aquela que deu luz eterna à minha vida. Amém."

"A adversidade é como um longo vento forte. Não quero apenas dizer que ela nos afasta de lugares aonde poderíamos ir, mas também arranca de nós tudo, menos as coisas que não podem ser arrancadas, de modo que depois nos vemos como realmente somos, e não apenas como gostaríamos de ser."
(Memórias de Uma Gueixa - Arthur Golden)

DIA 3

"Por Seus pastores igualmente santos, por todos os anjos e arcanjos, por todos os santos maravilhosos deste abençoado mês, em que as flores desabrocham no hemisfério norte e em que as frutas são abundantes no hemisfério sul, eu Vos agradeço por tudo, meu Deus. Vos peço sua influência mais do que benéfica, tal qual o Pai generoso, para o mais bondoso dos filhos. Atendei as nossas súplicas e abençoai todos os nossos dias deste mês, dando-nos graças, especialmente para que eu possa ter um excelente emprego e que, para mim, toda minha família e meus amigos, não falte o pão de cada dia. Amém."

———— 🍂 ————

"Aquele que é fiel nas coisas pequenas será também fiel nas coisas grandes. E quem é injusto nas coisas pequenas o será também nas grandes. Se, pois, não tiverdes sido fiéis nas riquezas injustas, quem vos confiará as verdadeiras? E se não fostes fiéis no alheio, quem vos dará o que é vosso?"
(Lucas 16:10-12)

———— 🍂 ————

DIA 4

"Hoje estou feliz, consegui uma grande vitória. Assim, esta minha prece é só para agradecer. Obrigado(a), Senhor. Que eu possa sempre mostrar-me digno(a) das Vossas benesses e que faça delas um degrau para o meu crescimento. Ajudai-me a vigiar os meus atos para que sejam sempre em direção ao bem que traz a paz e a felicidade, assim como o que estou vivendo neste momento. Obrigado(a), Senhor, muito obrigado(a)!"

"O futuro é imprevisível."
(O Teorema Katherine - John Green)

DIA 5

"Eu te amarei, ó Senhor, fortaleza minha. O Senhor é o meu rochedo, e o meu lugar forte, e o meu libertador; o meu Deus, a minha fortaleza, em quem confio; o meu escudo, a força da minha salvação, e o meu alto refúgio. Invocarei o nome do Senhor, que é digno de louvor, e ficarei livre dos meus inimigos."

(Salmo 18:1-3)

"Apenas viva bem. Apenas viva."
(Como eu Era Antes de Você - Jojo Moyes)

DIA 6

"Santo, santo, santo é o Senhor Deus do universo! A terra inteira proclama a sua glória!"

(Isaías 6:3)

"A sabedoria carece de dor para crescer."
(Tempo de Esperas - Padre Fábio de Melo)

DIA 7

"Senhor, o momento em que me encontro é o mais difícil de minha vida. Ajoelhado aos Vossos pés estou para implorar a divina graça do perdão. Ensina-me a perdoar aquelas pessoas que vivem na obscuridade e que só me fazem o mal. Que eu não tenha pensamentos ruins em relação a elas, mas infunda em mim um sentimento de amor e caridade para mostrar a elas que só a misericórdia de Deus tem fundamento nesta vida. Amém."

"Às vezes é o melhor a fazer... viver o presente."
(Um Hotel na Esquina do Tempo - Jamie Ford)

DIA 8

"Glorioso Jesus, condutor da serenidade dos céus à terra, Tu me ensinaste a verdadeira paz. Reconheço a minha limitação humana, mas peço-te que me oriente para que, se eu for merecedor(a), possa gozar da alegria que emanas. Que eu aprenda a ser como Tu para viver em plenitude e ajudar os que vivem ao meu redor, pois só assim o mundo terá o entendimento que Tu nos mostrastes e ainda não soubemos assimilar. Tua paz é minha luz e Teu sentido é minha força, Jesus."

"Feliz o homem que não pecou pelas suas palavras, e que não é atormentado pelo remorso do pecado. Feliz aquele cuja alma não está triste e que não está privado de esperança!"
(Eclesiástico 14:1-2)

DIA 9

"Doce menino, infante regente de nossa alma. És a pureza da aurora e a doçura do entardecer. Concedei-nos uma alma de criança, com sentimentos puros para acreditar mais nos homens. Dai-nos Vossa santa confiança para acreditarmos num mundo mais justo, humano e fraterno. Abençoa nossas tarefas e trabalhos para que, com entusiasmo, sejamos portadores de Sua infinita paz e alegria. Senhor Jesus, que menino nos mostravas que tínhamos um Pai Todo-Poderoso e uma santa família dedicada na oração e na caridade, concede-nos o dom da constância e da sabedoria para sermos melhores conosco e com nossos irmãos. Amém."

"Ter dois pesos e duas medidas é objeto de abominação para o Senhor."
(Provérbios 20:10)

DIA 10

"Misericordioso Deus, que a tudo vê e sabe, e que me orienta no dia a dia com Vosso exemplo, ajude-me a ter uma jornada terrena cheia de amor, devoção e tranquilidade. Dê-me forças para seguir os Vossos mandamentos, e encha-me de paz e equilíbrio para poder seguir neste mundo de provações. Amém."

"Se for para vir, deixe vir. Se for para ficar, deixe ficar. E, se for para ir embora, deixe ir."
(Dois a Dois - Nicholas Sparks)

DIA 11

"Em todas as coisas do mundo existe magia. É a sua grande e maravilhosa obra, Senhor. Como explicar a beleza da natureza? Como explicar o sorriso de uma criança? Como deixar de louvar a cor do arco-íris? Mágico também é crer no invisível. É sentir a Sua presença. Mágico é poder te louva, ó Deus de todas as criaturas! Peço-vos perdão por todas as vezes em que fui descrente do Vosso poder, e não permiti que Vossa mão poderosa conduzisse a minha vida e a vida da minha família. Amém."

"É sua obrigação, neste mundo duro, manter vivo o seu amor, e seguir adiante, não importando como. Segure as pontas e vá em frente."
(O Iluminado - Stephen King)

DIA 12

"Deus amado, que o anoitecer repouse meu corpo e acalme meu coração. Senhor, que o Vosso amor preencha minha alma. Que eu consiga manter a fé nos homens, assim como asseguro a Vossa existência. Que o sentimento que tenho por meu Pai, seja o mesmo que eu sinta por seus filhos. Misericordioso, clamo que me abençoe para que eu possa trilhar o melhor caminho, e guiar, quando preciso, meus companheiros de jornada. Amém!"

"Momentos de fraqueza na vida qualquer um os poderá ter, e, se hoje passamos sem eles, tenhamo-los por certos amanhã."
(As Intermitências da Morte - José Saramago)

DIA 13

"Jesus tornou a dizer-lhes: 'Em verdade, em verdade vos digo: eu sou a porta das ovelhas. Todos quantos vieram [antes de mim] foram ladrões e salteadores, mas as ovelhas não os ouviram. Eu sou a porta. Se alguém entrar por mim será salvo; tanto entrará como sairá e encontrará pastagem. O ladrão não vem senão para furtar, matar e destruir. Eu vim para que as ovelhas tenham vida e para que a tenham em abundância.'"

(João 10:7-10)

"As pessoas só observam as cores do dia no começo e no fim, mas, para mim, está muito claro que o dia se funde através de uma multidão de matizes e entonações, a cada momento que passa."
(A Menina que Roubava Livros - Markus Zusak)

DIA 14

"Virgem Maria de infinito amor. Fostes a mais pura criatura escolhida pelo Pai para dar à luz o Salvador Jesus. Fostes a resistência da dor em teu sofrimento de Mãe. Fostes a promessa Imaculada com São José. Olha por minha família neste momento. Olhe por todas as famílias que precisam da tua graça. Cobre com teu manto o meu lar e derrama o teu amor sobre as pessoas que eu amo, pois sei que nunca abandonastes teus filhos."

"Não avalies um homem pela sua aparência, não desprezes um homem pelo seu aspecto. Pequena é a abelha entre os seres alados: o que produz, entretanto, é o que há de mais doce."
(Eclesiástico 11:2-3)

DIA 15

"Nossa Senhora Rainha da Paz, que nunca recusa um pedido de proteção a um devoto, por isso, lhe peço que ampare meu lar enchendo-o de sementes da força do amor, da dignidade e da luz. Que de seu sagrado ventre venha a proteção firme da esperança para dias melhores, e que minha família possa viver em paz. Multiplique, Rainha da Paz, a fé em cada pessoa que reside em meu lar e não permita que a melancolia se apodere de nenhuma delas. Agradeço desde já a sua bênção!"

"Muitos de nós só encontram suas próprias vozes depois de terem soado como outras pessoas. Mas uma coisa que você tem, que ninguém mais tem, é você. Sua voz, sua mente, sua história, sua verdade. Então escreva, e desenhe, e construa, e toque, e dance, e viva como só você pode."
(Neil Gaiman)

DIA 16

"O Senhor te abençoe e te guarde! O Senhor te mostre a Sua face e conceda-te Sua graça! O Senhor volva o Seu rosto para ti e te dê a paz!"

(Números 6:24-26)

"Palavras dão sensações físicas, não têm apenas significado..."
(As Pontes de Madison - Robert James Waller)

DIA 17

"Deus de amor, que o Senhor desperte nos corações dos mais ricos a caridade, para que possam, em seu poder, contribuir para um mundo melhor, de menos necessidade. Distribua Sua paz por todo o mundo. Amém."

"É sempre altamente enriquecedor poder aceitar outra pessoa."
(Tornar-se Pessoa - Carl R. Rogers)

DIA 18

"Dá ouvidos às minhas palavras, ó Senhor, atende à minha meditação. Atende à voz do meu clamor, Rei meu e Deus meu, pois a Ti orarei. Pela manhã ouvirás a minha voz, ó Senhor; pela manhã apresentarei a Ti a minha oração, e vigiarei."

(Salmo 5:1-3)

"Quão pouco é necessário para a felicidade! O som de uma gaita-de-foles. — Sem a música a vida seria um erro."
(Crepúsculo dos Ídolos - Friedrich Nietzsche)

DIA 19

"Minha virgem santíssima, não nos deixeis desamparados diante daqueles irmãos invejosos, vingativos, traidores, que fazem qualquer coisa para alcançar o que querem na vida. Virgem mãe poderosíssima, acolhei-nos em vossos braços, assim como fizestes com vosso filho Jesus. Que assim seja!"

"Não pagueis a ninguém o mal com o mal. Aplicai-vos a fazer o bem diante de todos os homens. Se for possível, quanto depender de vós, vivei em paz com todos os homens."
(Romanos 12:17-18)

DIA 20

"Senhor, Vós sois a minha parte de herança e meu cálice; Vós tendes nas mãos o meu destino. O cordel mediu para mim um lote aprazível, muito me agrada a minha herança. Bendigo o Senhor porque me deu conselho, porque mesmo de noite o coração me exorta. Ponho sempre o Senhor diante dos olhos, pois ele está à minha direita; não vacilarei. Por isso, meu coração se alegra e minha alma exulta, até meu corpo descansará seguro, porque Vós não abandonareis minha alma na habitação dos mortos, nem permitireis que Vosso Santo conheça a corrupção. Vós me ensinareis o caminho da vida, há abundância de alegria junto de Vós, e delícias eternas à Vossa direita."

(Salmo 16:5-11)

"O perdão é confuso (...) porque, no fim, tem mais a ver com você do que com a pessoa que está sendo perdoada."
(O Último Adeus - Cynthia Hand)

DIA 21

"Senhor Deus, dá-me no dia de hoje a fé necessária para vencer os descrentes de Tuas palavras. Seja no dia de hoje o leme do meu barco, para que eu possa me conduzir pelo caminho correto, evitando os desvios. Tira-me o peso dos erros cometidos, para que eu não mais me martirize pelas injustiças causadas aos outros, e, saiba a todo momento, que não vou e não posso pecar mais. Ensina-me agora, já, hoje e sempre, a ser merecedor da confiança que em mim depositas. Para que eu possa viver e ser feliz dando glória a Ti, Senhor. Obrigado(a), meu Deus. Muito obrigado(a). Amém."

"As lembranças nos transformam no que somos. Sem elas não somos nada..."
(A Profecia do Pássaro de Fogo - Melissa Grey)

DIA 22

"Santa Rita de Cássia, religiosa agostiniana, forte, dedicada e prudente. Sua serenidade e popularidade sempre nos deram fé para enfrentar os atropelos da vida e as angústias do lar. Peço sabedoria, por meio de sua intercessão junto ao filho de Deus, Jesus Cristo, para sempre saber lidar com os problemas em minha vida, pois necessito de clareza para tomar decisões. Obrigado(a), minha Santa Rita de Cássia!"

"Sua coragem, sua disposição e sua determinação (...) levarão você à vitória..."
(A Guerra Que Salvou a Minha Vida - Kimberly Brubaker Bradley)

DIA 23

"Jesus Cristo, rogo para proteger a Terra das maldades dos homens. Somos estúpidos diante de Tua grandeza. Guarde a nossa tão bendita flora da hostilidade presente na ganância. Somos imprudentes por não compreendermos o presente que nos foi concedido. Abençoe cada vida do nosso planeta e releve, meu Jesus, todas as vezes que não tratamos os animais como nossos irmãos, filhos de Deus Pai. Senhor, obrigado(a) pelo tesouro divino o qual não enxergamos, mas que nos permite respirar todos os dias. Perdão por sermos irresponsáveis com o ar que preenche nossos pulmões e nos acalma quando inspirado com profundeza. Peço com veemência que penetre com Sua luz cada gota desse líquido que hidrata a Terra e faça-a cristalina novamente. Senhor, imploro que governe o meu coração. Assim seja!"

"A idade não é a que a gente tem, mas a que a gente sente."
(Memórias de Minhas Putas Tristes - Gabriel García Márquez)

DIA 24

"Cordeiro de Deus, que tirais o pecado do mundo, tende piedade de nós. Cordeiro de Deus, que tirais o pecado do mundo, tende piedade de nós. Cordeiro de Deus, que tirais o pecado do mundo, dai-nos a paz."

"Fazer da queda um passo de dança, do medo uma escada, do sono uma ponte, da procura um encontro."
(O Encontro Marcado - Fernando Sabino)

DIA 25

"Senhor Deus, Pai de bondade, peço clemência ao idoso, que já dedicou a sua vida toda ao trabalho, à criação dos filhos, dos netos e até de alguns bisnetos. Clemência ao idoso, que tanto deu de si para a nação e, hoje, precisa contar com a ajuda de parentes, dos amigos, dos filhos para sobreviver. Clemência a todo o idoso, que não recebe carinho, que é maltratado e malamado. Que o Senhor olhe por todos eles e encha o coração de cada um de esperança. Clemência ao idoso, pois amanhã será a minha vez."

"Para todos os males há dois remédios: o tempo e o silêncio."
(O Conde de Monte Cristo -
Alexandre Dumas, Pai)

DIA 26

"Deus de todas as coisas, que eu possa ter, graças a Tua pura compaixão, a proteção de Teus anjos. Que eles acompanhem meus passos para que eu não tema mal algum e possa, sem medo, servir à Tua vontade. Amém."

"Tudo o que temos de decidir é o que fazer com o tempo que nos é dado."
(A Sociedade do Anel -
J. R. R. Tolkien)

DIA 27

"Pai e Filho, a pureza e o poder de salvação pertencem somente a Vós. Abençoados sejam os Teus nomes. Vós fostes a minha perseverança nos dias mais difíceis e são minha certeza nos que virão. Abençoados sejam."

"Qual é o propósito de ter um coração se não o usa para poupar os outros das críticas duras de sua cabeça?"
(Trono de Vidro - Sarah J. Mass)

DIA 28

"Apartai-vos de mim todos os que praticais a iniquidade; porque o Senhor já ouviu a voz do meu pranto. O Senhor já ouviu a minha súplica; o Senhor aceitará a minha oração. Envergonhem-se e perturbem-se todos os meus inimigos; tornem atrás e envergonhem-se num momento."

(Salmo 6:8-10)

"A felicidade só é real quando compartilhada."
(Na Natureza Selvagem - Jon Krakauer)

DIA 29

"Ó Deus, envia a mim os Teus anjos. Que sejam eles os meu guardiães, para que eu tenha a certeza de que Te louvarei sem que mal algum me impeça de buscar a Tua graça. Amém."

"O amanhã é apenas uma página ainda não lida."
(O Espadachim de Carvão - Affonso Solano)

93

DIA 30

"Espírito Santo, intercedo junto a Vós para que derrame Suas bênçãos sobre mim. Que Sua luz me acompanhe por toda a minha caminhada, de forma que eu não me desvirtue do caminho da verdade e do amor. Peço que permaneça ao meu lado, me indicando as vontades e diretrizes do Senhor. Protegeime de todos os males da terra e me conduza para o amor do Altíssimo. Amém."

> "É muito simples. À medida que se cresce, aprende-se mais. Se ficássemos parados nos vinte e dois anos, ficaríamos sempre ignorantes como quando tínhamos vinte e dois. Envelhecer não é só decair fisicamente. É crescer. E mais do que o fato negativo de que se vai morrer, é também o fato positivo de que se compreende que se vai morrer e que se pode viver melhor por causa disso."
>
> (A Última Grande Lição - Mitch Albom)

DIA 31

"Livrai-nos, ó Deus misericordioso e sensível, de todos os vícios que possam prejudicar nossas vidas. Afastai-nos de todas as práticas que são empecilhos para o nosso crescimento espiritual e físico. Tirai as amarras da nossa caminhada, removendo toda a possibilidade de jogatinas, bebidas, drogas e dependências que sejam obstáculos de crescimento de fé. Derramais as Vossas bênçãos de Pai sobre nossa história, e que sejamos somente filhos de Vossa providência divina. Quando quiserem nos corromper com propostas enganadoras, revesti-nos com Vosso manto protetor, e dai-nos o escudo da verdade e da vitória para que nossos inimigos espirituais e físicos sejam confundidos. Fazei que tenhamos consciência de que os vícios só nos afastam de Vós e que eles nos afastam de Vossa luz amorosa. Concedei-nos discernimento para saber o que é bom e digno nesta vida. Certos de contarmos com Vossa mão protetora, comprometemo-nos a ajudar aqueles que se encontram escravos dos vícios, para trazê-los de novo à verdade de Deus."

"O tempo é o maior tesouro de que um homem pode dispor; embora inconsumível, o tempo é o nosso melhor alimento; sem medida que o conheça, o tempo é contudo nosso bem de maior grandeza: não tem começo, não tem fim; é um pomo exótico que não pode ser repartido, podendo entretanto prover igualmente a todo mundo; onipresente, o tempo está em tudo..."
(Lavoura Arcaica - Raduan Nassar)

JUNHO

DIA 1

"Senhor Deus do universo, invocando a presença dos santos e anjos protetores de quem nasce este mês, quero apenas lembrar que estamos no meio de mais um ano consagrado a Vosso filho. Estamos no mês de junho do calendário cristão de Vosso filho amado que deu a vida por nós. Não importa se este é o único mês do ano que estou rezando. Não faz diferença se rezei todos os meses, ou se esta é a primeira vez, tenho certeza disso. Só quero pedir a Sua graça para reafirmar a minha fé na Sua misericórdia e no Seu poder. Amém."

———————

"Porque metade da vida de um ser humano envolve sobreviver ao mundo. A outra metade envolve descobrir um significado para sua existência. Para o primeiro, existe o trabalho, o instinto e a evolução natural. Para o segundo, existe o amor, a fé. E o sonho."
(Corações de Neve - Raphael Draccon)

———————

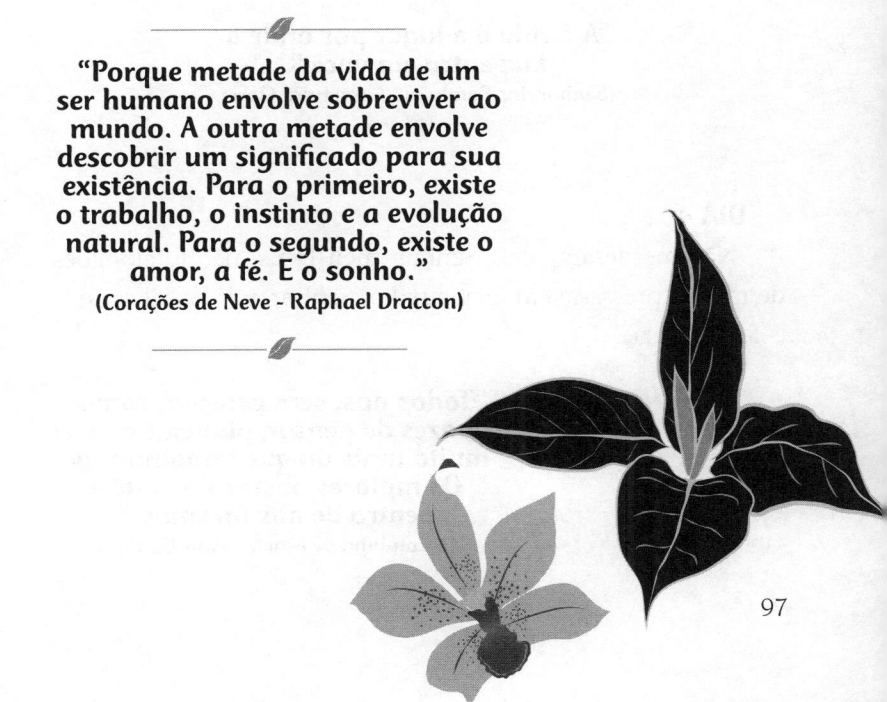

97

DIA 2

"Senhor, peço-te que minha fé sempre passe na frente dos problemas. Que as tribulações não me alcancem. E que, se porventura dificuldades aparecerem em meu caminho, eu seja firme em meus propósitos e não desista diante delas. Amém."

"Um pássaro na gaiola nunca é tão bonito quanto um pássaro livre..."
(A Transformação de Raven - Sylvain Reynard)

DIA 3

"Deus eterno, Pai de misericórdia, coloco-me de joelhos e suplico-te para que proteja minha família de todos os males e infortúnios que possam surgir. Que nada nos faça mal. Amém."

"A ferida é o lugar por onde a Luz entra em você."
(Senhor das Sombras - Cassandra Clare)

DIA 4

"Não me desampares, Senhor, meu Deus, não te alongues de mim. Apressa-te em meu auxílio, Senhor, minha salvação."
(Salmo 38:21-22)

"Todos nós, sem exceção, somos capazes de pensar, planejar e fazer muito mais do que imaginamos. Os maiores obstáculos estão dentro de nós mesmos."
(A Caminho de Marte - Ivair Gontijo)

DIA 5

"É estonteante quando podemos apreciar toda a beleza que a natureza nos dá. Pedimos a Deus que os homens tenham mais consciência e cuidem melhor do nosso planeta, que se lembrem que ele tem vida e que sem essa vida nós não sobreviveremos. Meu Deus, tende piedade de nós! Amém!"

"Não terás a recear nem terrores repentinos, nem a tempestade que cai sobre os ímpios, porque o Senhor é tua segurança e preservará teu pé de toda cilada."
(Provérbios 3:25-26)

DIA 6

"Querido Deus, que está em todos os lugares e sabe tudo o que acontece; tem todo o poder e nenhuma folha cai sem que Tu queiras; é o Criador e dono de todo o conhecimento do universo. Clamo humildemente a Ti, Senhor, para que me conduza e me ensine. Que eu possa aprender o que Tu desejas e ter consciência dessa vida que vivo e desse mundo onde moro. Que eu, com a Tua ajuda, Pai, possa ter o dom do conhecimento, para ajudar meus irmãos e cumprir Tua vontade. Toque em mim, Senhor, e me presenteie iluminando meus pensamentos. Amém."

"Deus tem um Kairós reservado para cada um de nós. Um tempo em que o sofrimento cessa e a felicidade se instala em nossos corações."
(Kairós - Padre Marcelo Rossi)

DIA 7

"Não entregues tua alma à tristeza, não atormentes a ti mesmo em teus pensamentos. A alegria do coração é a vida do homem, e um inesgotável tesouro de santidade. A alegria do homem torna mais longa a sua vida. Tem compaixão de tua alma, torna-te agradável a Deus, e sê firme; concentra teu coração na santidade, e afasta a tristeza para longe de ti, pois a tristeza matou a muitos, e não há nela utilidade alguma. A inveja e a ira abreviam os dias, e a inquietação acarreta a velhice antes do tempo."

(Eclesiástico 30:22-26)

"Assim girava a roda da vida: a cada fim, um novo começo."
(Amor Letal: A História de Annith - Robin LaFevers)

DIA 8

"Senhor, diante do Seu altar, peço que arrebate do meu coração as preocupações e não deixe a tristeza fazer parte do meu caminho. Enche-me de amor e felicidade. Em nome de Jesus."

"A vida é um processo em si mesma, tendo começo, meio e fim. A morte é um processo em si mesma, tendo começo, meio e fim. A vida não se transforma em morte. A morte não torna a ser vida. Devemos apreciar a vida assim como ela é. Cada momento."
(A Sabedoria da Transformação - Monja Coen)

DIA 9

"Meu amigo, anjo da guarda, eu posso errar em minha humanidade, mas sei que tenho em ti o meu protetor. Não se afaste de mim, meu guardião. Não deixe que o mal do mundo me atormente e não permita que as pessoas de má-fé sejam um obstáculo em meu caminho na busca dos Céus. Guia-me em minha vida e seja meu anjo da guarda."

"Conquistas sem riscos são sonhos sem méritos. Ninguém é digno dos sonhos se não usar suas derrotas para cultivá-los."
(O Vendedor de Sonhos: O Chamado - Augusto Cury)

DIA 10

"Deus Todo-Poderoso, que comanda todo o universo, assim como mandas que os ventos soprem e que as folhas caiam, manda também em nossas vidas. Ampara-nos, Senhor, em Tua gloriosa graça. Dê-nos o amor, a bondade e a paz, e afaste de nós os sentimentos ruins, pois eles são das trevas e não da luz. Não nos deixe cair em tentação, pois é ela que nos faz perder o rumo do bem. Que o Senhor sempre nos socorra na dificuldade e nos permita estar ao Teu lado na eternidade. Abençoado seja o Teu nome, meu Deus."

"Nunca sofra por não ter opiniões em relação a vários assuntos. Nunca sofra por não ser uma coisa ou por sê-la."
(Perto do Coração Selvagem - Clarice Lispector)

DIA 11

"Ó, Nossa Senhora Aparecida, mãe de todos aqueles que creem em Jesus, tu que nasceste do leito de um rio, que foste, desde então, a esperança de dias melhores, faz com que nossa vida renasça na luz. Em meus pensamentos, por teu auxílio, eu clamo, o momento é de oração e renúncia! Por isso, peço que me ajudes e me guies no convívio familiar. Olha por todos os meus amigos e quebra a mágoa que existe em tantos corações desesperados. Ajuda o mundo a viver a paz. Assim seja!"

"Até nossos pensamentos tolos são fantásticos."
(Seja Líder de Si Mesmo: O Maior Desafio do Ser Humano - Augusto Cury)

DIA 12

"'O amor é paciente, o amor é bondoso. Não inveja, não se vangloria, não se orgulha. Não maltrata, não procura seus interesses, não se ira facilmente, não guarda rancor. O amor não se alegra com a injustiça, mas se alegra com a verdade. Tudo sofre, tudo crê, tudo espera, tudo suporta'. Que a lição dos Coríntios faça morada no coração dos enamorados no dia 12 de junho e em todos os dias de suas vidas. Amém."

"Bom renome vale mais que grandes riquezas; a boa reputação vale mais que a prata e o ouro. Rico e pobre se encontram: foi o Senhor que criou ambos."
(Provérbios 22:1-2)

DIA 13

"Venerado e querido Santo Antônio, coberto de glória és tu, que tens realizado grandiosos desejos dos enamorados. Tu que ajudas aqueles que buscam por uma companhia, e oferece um grandioso amparo àqueles que choram por um romance desfeito ou por um amor perdido em uma fatalidade. Sublime é a vossa missão em amparar todos os fiéis que recorrem a ti. Em alto som, veneramos a tua bondade, o teu apreço, a tua intensidade cristã e a tua honra. Nós te agradecemos, Santo Antônio! Que sejamos dignos de merecê-lo em nosso coração. Amém!"

"Passada a dor, as recordações são muitas vezes um prazer. Não amamos menos um lugar porque nele sofremos, a menos que tenha sido só sofrimento, nada além de sofrimento."

(Persuasão - Jane Austen)

DIA 14

"Louvai ao Senhor, porque é bom cantar louvores ao nosso Deus, porque é agradável; decoroso é o louvor. O Senhor edifica a Jerusalém, congrega os dispersos de Israel. Sara os quebrantados de coração, e lhes ata as suas feridas. Conta o número das estrelas, chama-as a todas pelos seus nomes. Grande é o nosso Senhor, e de grande poder; o seu entendimento é infinito."

(Salmo 147:1-5)

"Um dos maiores perigos que nos espreitam é o 'acostumar-se'. Vamos nos acostumando tanto à vida e a tudo o que nela existe que já nada mais nos assombra; nem o bom para dar graças, nem o mal para nos entristecer verdadeiramente."

(Deus Não se Cansa de Perdoar! Mensagens de Misericórdia - Papa Francisco)

DIA 15

"Agradeço-te, Senhor Jesus, por tanto amor. Agradeço-te, Senhor Jesus, por estar protegendo nossos passos. Agradeço-te, Senhor Jesus, por estar sempre presente em nossa família. Agradeço-te, Senhor Jesus, pelos sacrifícios que fizestes. Amém."

"... somos quem somos por várias razões. E talvez nunca conheçamos a maior parte delas. Mas mesmo que não tenhamos o poder de escolher quem vamos ser, ainda podemos escolher aonde iremos a partir daqui. Ainda podemos fazer coisas. E podemos tentar ficar bem com elas."

(As Vantagens de Ser Invisível - Stephen Chbosky)

DIA 16

"Salve Maria imaculada, a mãe de meu Senhor e salvador Jesus Cristo. Aceitastes, ó santíssima, trazer ao mundo de forma amorosa o próprio filho de Deus e, desse modo, vos transformastes na nova Eva, pois de vosso ventre não entrou o pecado em nosso mundo. Intercedei ao redentor por nós, para que nos livreis de todos os pecados e perigos. Voltai o nosso olhar para o céu, apesar de nossas limitações, com o objetivo de adorar sempre mais aquele que nos concede todos os benefícios e graças. Minha senhora, cubra-me com o vosso manto de esperança e amor. Amém."

"Alguns dias são melhores que outros."
(Aprendizados - Gisele Bündchen)

DIA 17

"Jesus, peço que o Senhor abençoe a minha família e os meus amigos. Que o Senhor olhe por eles, ilumine os seus caminhos e os ampare sempre que precisarem. Que eles tenham muita saúde e sejam muito felizes, e que nunca lhes falte o alimento, bem como o trabalho e o amor em abundância. Por nosso Senhor Jesus Cristo. Amém!"

"Quem quer mais do que lhe convém
perde o que quer e o que tem.
Quem pode nadar, e quer voar, tempo
virá em que não voe, nem nade."
(Sermão de Santo Antônio - Padre Antônio Vieira)

DIA 18

"Deus, Pai de bondade, encha-me de sabedoria para que eu consiga perdoar aqueles que eu amo, assim como a mim mesmo(a). Quero poder agir com mais compreensão com as pessoas ao meu redor e não carregar nenhuma mágoa em meu ser. Que eu não guarde rancor e possa perdoar de coração todos aqueles ao meu redor. Amém."

"Você não pode mudar o que aconteceu. Mas pode controlar a maneira como lida com isso."
(As Sobreviventes - Riley Sager)

DIA 19

"Senhor, atende a minha prece para que eu seja verdadeiramente uma pessoa bondosa. Quero ser apenas uma pessoa de bem. Faz com que eu seja alguém que cumpre a lei da justiça, do amor e da caridade. Faz com que eu saiba depositar em Vossas mãos a minha fé, crer na Sua bondade, na Sua justiça e na Sua sabedoria. Enfim, faz, Senhor, com que a cada dia eu seja digno(a) de ser chamado(a) como uma pessoa de bem. Amém."

"... apenas as pessoas pequenas — pequenas por dentro — não aguentam o fato de alguém ser grande."
(Juntando os Pedaços - Jennifer Niven)

DIA 20

"Santa Francisca Xavier Cabrini, padroeira dos migrantes, eu clamo seu nome para que olhe por todos aqueles que deixaram suas moradas em busca de trabalho, paz, segurança, alimento e vida. Que nas novas jornadas dos refugiados não faltem provisões nem esperanças. E que transborde a fé que sustenta nossos propósitos cristãos."

"Às vezes sua inexperiência e inseguranças podem te levar a tomar como seu os padrões e expectativas de outras pessoas. Mas você pode aproveitar essa inexperiência para criar seu próprio caminho. Um caminho livre do peso de ter que saber como as coisas deveriam ser; um caminho definido por suas próprias razões."
(Natalie Portman)

DIA 21

"Pedi e se vos dará. Buscai e achareis. Batei e vos será aberto. Porque todo aquele que pede, recebe. Quem busca, acha. A quem bate, se abrirá. Quem dentre vós dará uma pedra a seu filho, se este lhe pedir pão? E, se lhe pedir um peixe, lhe dará uma serpente? Se vós, pois, que sois maus, sabeis dar boas coisas a vossos filhos, quanto mais vosso Pai celeste dará boas coisas aos que lhes pedirem. Tudo o que quereis que os homens vos façam, fazei-o vós a eles. Esta é a Lei e os profetas."

(Mateus 7:7-12)

"... só as grandes paixões são capazes de grandes ações."
(Memórias Póstumas de Brás Cubas - Machado de Assis)

DIA 22

"Meu Deus, peço de todo o meu coração que o Senhor ilumine os meus caminhos e daqueles que eu amo. Que o Senhor nos vigie em nossa caminhada e nos guie pela estrada da retidão, do amor ao próximo e da compaixão. Agraço-te, meu Deus. Amém."

"Não desprezes um ancião, pois alguns dentre nós também envelheceremos."

(Eclesiástico 8:7)

DIA 23

"Ó Senhor, Senhor nosso, quão admirável é o Teu nome em toda a Terra, pois puseste a Tua glória sobre os Céus! Tu ordenaste força da boca das crianças e dos que mamam, por causa dos Teus inimigos, para fazer calar ao inimigo e ao vingador. Quando vejo os Teus Céus, obra dos Teus dedos, a lua e as estrelas que preparaste; que é o homem mortal para que te lembres dele? E o filho do homem, para que o visites? Pois pouco menor o fizeste do que os anjos, e de glória e de honra o coroaste. Fazes com que ele tenha domínio sobre as obras das tuas mãos; tudo puseste debaixo de Seus pés: todas as ovelhas e bois, assim como os animais do campo, as aves dos céus, e os peixes do mar, e tudo o que passa pelas veredas dos mares. Ó Senhor, Senhor nosso, quão admirável é o Teu nome sobre toda a Terra!"

(Salmo 8)

"A alma só se alimenta com o que lhe traz alegria."

(Confissões - Santo Agostinho)

DIA 24

"São João Batista, que fostes predestinado por Deus a ser o profeta que viria para aplainar e preparar os caminhos de nosso Senhor, concedei-nos o milagre de também sermos fiéis evangelizadores e promotores do reino dos Céus. No ventre de vossa mãe Santa Isabel, reconhecestes a santidade do Salvador, já no ventre da virgem puríssima e mãe da igreja, Maria santíssima, auxiliai-nos para que reconheçamos os dons de Deus em nossas vidas. Homem de profunda piedade, preferistes andar pelo deserto sendo humilde e fiel aos vossos preceitos, anunciando aquele que viria para nos entregar o Espírito Santo. Ao ficar frente a frente com o Senhor, o batizastes no rio Jordão reconhecendo a sua majestade e proclamando aos quatro cantos que a conversão era necessária para o espírito. Ao vosso exemplo, deixai-nos seduzir pelo Cristo e, fiéis às promessas de nosso batismo, sejamos portadores da graça divina em nossas vidas e de nossos semelhantes. Amém."

"É insuficiente ter o espírito bom, o mais importante é aplicá-lo bem. As maiores almas são capazes dos maiores vícios, como também das maiores virtudes, e os que só andam muito devagar podem avançar bem mais, se continuarem sempre pelo caminho reto, do que aqueles que correm e dele se afastam."
(O Discurso do Método - René Descartes)

DIA 25

"Senhor, neste momento queremos deixar de escutar os apelos do mundo para somente dedicarmo-nos a Vós. Acalma o nosso coração e concede-nos o entendimento para compreendermos verdadeiramente Vossas santas palavras de conselho. Queremos aprender toda a história de nossa salvação e, mais que isto, aplicá-la em nossa vida. Pela leitura da Bíblia, nos propomos a sermos imitadores e propagadores de Vossos conselhos, e a educar com caridade os que estão próximos a nós para que sempre Vos louvem o nome poderoso do altíssimo. Que Vossas palavras sejam luz para meus pés e sal para o meu alimento. Amém."

"Porque o medo mata tudo (...) a razão, o coração e até mesmo a fantasia."
(Coração de Tinta - Cornelia Funke)

DIA 26

"Um novo dia brilha no horizonte, e eu tenho o prazer de viver os milagres de meu Deus, Pai Todo-Poderoso. Que eu mereça este dia e possa espalhar alegria por onde passar. Agradeço por estar junto de meus familiares, amigos, colegas e de quem amo. Pai, olhai sempre por mim. Amém!"

"Amar é ser vulnerável; e é apenas ao ser vulnerável e ao correr riscos — e não com a segurança — que superamos as trevas."
(Uma Dobra no Tempo - Madeleine L'Engle)

DIA 27

"Bendito é Deus, que protege e orienta tua família. Deus encaminha teus filhos amados, Deus oferta abundância, Deus traz prosperidade. Abençoados são todos teus parentes, teus antepassados, os Anjos iluminam todos aqueles que se juntam à Tua mesa. 'O Senhor vela cada familiar que vive em meu coração!'"

"Na vida, em algum ponto, o fracasso é inevitável. É impossível viver sem fracassar em alguma coisa. A não ser que se viva com tanta cautela que poderia muito bem não ter vivido. E, neste caso, terá fracassado por omissão."
(J. K. Rowling)

DIA 28

"Peguei-me pensando, meu Deus, por que as pessoas têm tanto preconceito se a alma não tem cor, raça e classe social? Não deixe, meu Pai, que ofusquem a minha visão. Faça-me ver o que de belo existe dentro de cada uma delas, já que é impossível imaginar que alguém não tenha nada dentro de si para oferecer ao seu irmão de fé. Dê-me o privilégio de ser alguém bom o suficiente para espalhar a todos que o preconceito está em nós e não em nossos irmãos. Agradeço-te, meu Deus, por me dar esta oportunidade de lutar por algo que não acho justo."

"É possível que o lar seja uma pessoa e não um lugar?"
(Anna e o Beijo Francês - Stephanie Perkins)

DIA 29

"Ó! Venerado São Pedro, conhecido como rocha arraigada, líder celestial, grande realizador de milagres e um dos maiores apóstolos a proclamar a fé, rogai por nós. Bendito sejais vós, meu santo, minha autoridade celestial. É bom saber que posso contar convosco em qualquer hora de minha vida, especialmente quando me encontro com problemas de saúde. Agradeço a Deus por mantê-lo sempre iluminado, enviando luz a todos nós. São Pedro, que tendes a chave da vida e da cura, rogai por nós. Amém!"

"Sabemos que Deus está em toda parte, mas certamente sentimos melhor a Sua presença quando vemos Suas obras espalhadas diante de nós em larga escala. E é no límpido céu noturno que Suas palavras seguem um curso silencioso, e onde percebemos claramente Sua infinitude, Sua onipotência, Sua onipresença."
(Jane Eyre - Charlotte Brontë)

DIA 30

"Quantos irmãos e irmãs passam por nós a cada dia, Senhor. Que eu não os trate como simples desconhecidos em busca dos seus afazeres. Quero ser para eles um alguém que se preocupa com suas existências e que está sempre a postos para explicar, ensinar, guiar, compreender! Nas horas apressadas de cada dia quase não temos tempo para um sorriso, um abraço, um aperto de mão. Talvez sejam estes os melhores medicamentos para o retorno da saúde do corpo e do Espírito. Quase sempre não nos preocupamos com a criança que cai, com o velho que caminha solitário, com a mãe que busca um abrigo onde amamentar o seu filho. Quase sempre não ouvimos o clamor dos impuros, o suspiro dos relegados, a dor dos desgraçados, párias de uma sociedade que talvez não os tenha recebido. Hoje quero ser diferente, Senhor, quero ser o que passa e vê, ouve e sente, e se propõe a ajudar. Quero que minha vida seja una com os Vossos propósitos de ser o menor de todos, servindo sem cessar. Meus irmãos e minhas irmãs são filhos e filhas da augusta bondade de Deus, assim como também eu sou. Quero, pois, acolher e conduzir dentro das minhas possibilidades. Ajudai-me, Senhor!"

"É importante saber que os imprevistos não são o problema. O problema é não saber lidar com eles. Você não tem controle sobre o que ocorre no seu caminho, mas pode dar um significado positivo e construtivo para tudo o que acontece com você."
(Seja Foda! - Caio Carneiro)

JULHO

DIA 1

"Rogamos graças, neste mês de julho, por todos os santos e todas as santas, especialmente aquelas que foram mártires em nome de Seu filho, Jesus Cristo. Senhor, através delas, olhai por todas as mães do nosso planeta. Senhor, através delas, olhai por todas as viúvas desta terra. Senhor, através delas, olhai por todas as mulheres e dignai-vos olhar também para seus filhos, já que elas não ficarão felizes se eles não estiverem felizes também. Que sejais a nossa inspiração pura, sejais a suprema atividade inteligente, por meio de minha mente, meu coração, minha força, meu domínio e meu controle. Que eu sinta a Sua presença milagrosa em tudo o que desejo. E assim seja feito conforme a Sua vontade. Amém."

"Seu tempo é limitado, então, não o desperdice vivendo a vida de outra pessoa. Não fique preso por dogmas, que é viver com o resultado do pensamento de outras pessoas. Não deixe que o barulho da opinião dos outros cale a sua própria voz interior. E, o mais importante, tenha a coragem de seguir seu coração e intuição. Eles de alguma forma já sabem o que você realmente quer se tornar. Todo o resto é secundário."

(Steve Jobs)

115

DIA 2

"Meu Pai, poderoso e amado, Vós que nos ensinaste o poder do perdão. Vós que pusestes na boca do seu Santo Filho as palavras: 'Perdão Pai, porque eles não sabem o que fazem'. Só Vós sabe o que vai no meu coração. Arranca dele este desejo de maldade. Tira dele esta intolerância. Afasta o cálice do rancor. Remova o sentimento de mágoa. Só Vós podereis me ensinar o caminho do perdão. Assim seja, agora e para sempre. Amém."

"Nisto consiste o amor: não em termos nós amado a Deus, mas em ter-nos Ele amado e enviado o seu Filho para expiar os nossos pecados."
(1João 4:10)

DIA 3

"Senhor Deus, tu que és o Pai eterno, a grande fonte de vida deste universo, abençoa estas crianças, saídas de Sua alma, límpidas e de corações amorosos. Que elas saibam sempre que tudo nesta grande terra vem de Ti e tudo retorna para Ti, e saibam honrar as grandes forças cósmicas da natureza promovendo a bondade, a virtude e o amor universal. Assim seja."

"O ideal de vida, o que realmente faz alguém feliz, é o amor. E quem ama partilha, divide, comunga sua vida e seus bens com o ser amado."
(Oito Vias para Ser Feliz - Frei Betto)

DIA 4

"Pai, peço de todo o meu coração que me ajude a ser uma pessoa mais serena. Que eu não me desespere diante das situações impostas pela vida. Peço que me ajude também a praticar o desapego. Quero ser uma pessoa liberta de supérfluos e frivolidades. Obrigado(a), meu Deus. Amém."

"O amor não é unilateral e egoísta. É pleno e generoso, e modifica a vida da melhor maneira possível. O amor não destrói... Ele cria."
(Nove Regras a Ignorar Antes de se Apaixonar - Sarah MacLean)

DIA 5

"Em Ti confiarão os que conhecem o Teu nome; porque Tu, Senhor, nunca desamparaste os que te buscam. Cantai louvores ao Senhor, que habita em Sião; anunciai entre os povos os Seus feitos. Pois quando inquire do derramamento de sangue, lembrase deles: não se esquece do clamor dos aflitos. Tem misericórdia de mim, Senhor, olha para a minha aflição, causada por aqueles que me odeiam; Tu que me levantas das portas da morte; para que eu conte todos os Teus louvores nas portas da filha de Sião, e me alegre na Tua salvação."

(Salmo 9:10-14)

"Ignorância e intolerância andam de mãos dadas(...) Mas você pode mudar isso. Não se contente com as migalhas. O primeiro passo para ser valorizado pelos outros é convencer a si mesmo de suas qualidades. Diferente não significa inferior."
(A Joia da Alma - Karen Soarele)

DIA 6

"Meu Deus Todo-Poderoso, preciso que seja mais uma vez o meu guia e opere transformações em meu coração, para que eu possa alimentar de energia a minha fé e aprenda a perdoar as pessoas que amo. Clareie a minha mente que está confusa e conserve o meu corpo com Sua luminosidade. Ensina-me a perdoar e a acreditar nas pessoas que estão ao meu lado, me apoiando. Que a doçura seja minha companheira. Meu Deus, perdoe a minha fraqueza. Amém!"

"Não há alegria sem tristeza, nem desejo sem temor, nem esperança sem dúvida."
(Maria Rosa Mística, Sermão VII -
Padre Antônio Vieira)

DIA 7

"Senhor, agradeço por colocar amigos no meu caminho. Nesta jornada, tenho amparo com a companhia deles. A solidão não habita em minha alma. Na mesma sincronia de passos no decorrer da vida, meus amigos carregam-me quando sinto cansaço, alegram-me quando a tristeza tenta me abalar e me dão forças para seguir adiante, na fé de poder subir ao Seu Reino, o meu verdadeiro lar. Senhor, fazei com que eu também seja um(a) amigo(a) para outros peregrinos. Dai-me luz para que eu possa indicar o melhor percurso. Amém."

"Triunfam aqueles que sabem quando lutar e quando não."
(A Arte da Guerra - Sun Tzu)

DIA 8

"A esperança e a fé são as armas dos vencedores, são combustíveis dos que amam. Não há montanha intransponível. Quem nele crê tudo consegue. Por isso, tenho fé e a certeza de que conseguirei alcançar minha graça. Obrigado(a), Senhor!"

"Sempre ansiamos por compreender a ordem subjacente do mundo. Hoje, ainda almejamos saber por que estamos aqui e de onde viemos. O desejo profundo da humanidade pelo conhecimento é justificativa suficiente para nossa busca contínua."
(Uma Breve História do Tempo - Stephen Hawking)

DIA 9

"Senhor! Neste momento precioso venho à Vossa presença para receber Vossas graças. Agradeço-vos pela minha vida, pela minha saúde e por tudo o que recebi durante a minha vida. Agradeço até mesmo as dores que nada representaram diante do martírio do seu próprio Filho, Jesus. Agradeço o conforto que me irá proporcionar até a hora da minha morte. Amém."

"Os olhos são a lâmpada do corpo. Se os olhos forem bons, o mundo será belo. Se os olhos forem maus, o mundo será sinistro. O paraíso mora dentro dos olhos."
(Paisagens da Alma - Rubem Alves)

DIA 10

"Oh! Santa mãe de misericórdia, que um dia concebeu seu santo Filho e fez a mais poderosa e perfeita família. Vigiai as nossas famílias com os olhos de mãe protetora. Que elas recebam a sua total proteção. Venha a nós, poderosa santa mãe misericordiosa e cubra nossa família com seu manto sagrado. Livra-nos de todos os males dos tempos modernos. Oh! Mãe, venha a nós e nos mantenha na sua graça pra sempre, amém. Oh! Mãe, venha ouvir nossas preces e nos amparar. Livrai-nos, mãe querida, de todos os males. Mostrai o caminho àqueles que não sabem aonde ir. Que nossas famílias recebam todas as horas a sua proteção. Livrai-nos, mãe querida, de todos os males. Amém."

"Mais do que por meio de palavras, os pais devem educar pelo seu exemplo de vida."
(10 Respostas que Vão Mudar Sua Vida - Pe. Reginaldo Manzotti)

DIA 11

"Jesus, que as minhas ações carreguem o Seu sinal, o sinal da vida eterna. Que eu possa despertar, trabalhar, interagir e repousar sob a Sua vontade. Que a minha retidão inspire os meus irmãos e edifique os elos que glorificam o Seu nome. Amém."

"Assim, a melhor forma de escolher o que guardar e o que descartar é pensar se aquilo nos faz felizes."
(A Mágica da Arrumação - Marie Kondo)

DIA 12

"É junto do Senhor que procuro refúgio. Por que dizer-me: 'Foge, velozmente, para a montanha, como um pássaro; eis que os maus entesam seu arco e ajustam a flecha na corda, para ferir, de noite, os que têm o coração reto. Quando os próprios fundamentos se abalam, que pode fazer ainda o justo?'. Entretanto, o Senhor habita em Seu templo, o Senhor tem Seu trono no céu. Sua vista está atenta, Seus olhares observam os filhos dos homens. O Senhor sonda o justo como o ímpio, mas aquele que ama a injustiça, ele o aborrece."

(Salmo 11:1-5)

"As regras do que é possível e impossível nas artes foram feitas por pessoas que não haviam testado os limites do possível, indo além deles. E vocês podem. Se vocês não sabem que é impossível, é mais fácil de fazê-lo."

(Neil Gaiman)

DIA 13

"Jesus, clamo o Seu santo nome para que ouça o meu chamado. Que o Senhor possa me livrar da solidão e esteja ao meu lado nessa caminhada. Que a Sua luz infinita se derrame sobre mim e faça aqui a sua definitiva morada. Amém."

"Viver é o que há de mais raro neste mundo. Muitos existem, e é só."

(A Alma do Homem Sob o Socialismo - Oscar Wilde)

DIA 14

"Considerai que é suma alegria, meus irmãos, quando passais por diversas provações, sabendo que a prova da vossa fé produz a paciência. Mas é preciso que a paciência efetue a sua obra, a fim de serdes perfeitos e íntegros, sem fraqueza alguma. Se alguém de vós necessita de sabedoria, peça-a a Deus — que a todos dá liberalmente, com simplicidade e sem recriminação — e lhe será dada. Mas peça-a com fé, sem nenhuma vacilação, porque o homem que vacila assemelha-se à onda do mar, levantada pelo vento e agitada de um lado para o outro. Não pense, portanto, tal homem que alcançará alguma coisa do Senhor, pois é um homem irresoluto, inconstante em todo o Seu proceder."

(Tiago 1:2-8)

"Porque quem cai hoje pode se levantar amanhã."
(Dom Quixote - Miguel de Cervantes)

DIA 15

"Em nome de Deus Todo-Poderoso, peço aos bons anjos que me protegem a inspiração para achar a melhor resolução para os problemas que surgirem em minha vida. Que nos momentos de incapacidade, eles levem meus pensamentos para o bem e desviem-me da influência dos que tentam me desencaminhar. Amém."

"O amor verdadeiro tem o poder de curar e transformar qualquer situação, além de trazer um significado profundo às nossas vidas."
(A Arte de Amar - Thich Nhat Hanh)

DIA 16

"Senhor Deus do universo, venho a Vós agradecer pelas boas pessoas que o Senhor colocou no meu caminho. Agradeço também por poder lhe agradecer, pois muitos não têm condições. Por Cristo, vosso Filho e nosso Senhor. Amém."

"Sonhos são adoráveis, mas são apenas sonhos. Temporários, efêmeros, bonitos. Mas os sonhos não se tornam realidade só porque você os sonha. É trabalho duro que faz as coisas acontecerem. É trabalho duro que cria mudanças."
(Shonda Rhimes)

DIA 17

"Rejeitai, pois, toda impureza e todo vestígio de malícia e recebei com mansidão a palavra em vós semeada, que pode salvar as vossas almas. Sede cumpridores da palavra e não apenas ouvintes; isto equivaleria a vos enganardes a vós mesmos. Aquele que escuta a palavra sem a realizar assemelha-se a alguém que contempla num espelho a fisionomia que a natureza lhe deu: contempla-se e, mal sai dali, esquece-se de como era. Mas aquele que procura meditar com atenção a lei perfeita da liberdade e nela persevera — não como ouvinte que facilmente se esquece, mas como cumpridor fiel do preceito —, este será feliz no seu proceder."

(Tiago 1:21-25)

"Bem sei que é assustador sair de si mesmo, mas tudo o que é novo assusta."
(A Hora da Estrela - Clarice Lispector)

DIA 18

"Ó! Senhor Jesus Cristo, que morreu por nós na cruz para provar o amor e a imensa fé que tinha em Seu povo, a ponto de deixar na lembrança de todos esta frase abençoada de amor: 'amai-vos uns aos outros como eu vos amei'. De coração aberto, meu Cristo redentor, venho pedir-te a cura de todos os males que assombram a minha vida espiritual, financeira, física, amorosa, social, familiar e religiosa. Que eu possa ser firme nos meus propósitos divinos, para dividir com meus irmãos de fé as bênçãos que receberei do Senhor."

"É o que a pessoa tem a dizer, e não o que ela aparenta ser, que nos entrega as peças do quebra-cabeças que a define de verdade. Por mais que seja impossível completá-lo, quanto mais ouvimos, e quanto mais peças juntamos, mais podemos entender quem aquela pessoa realmente é."
(Mensageira da Sorte - Fernanda Nia)

DIA 19

"Senhor Deus, que eu sempre tenha pouco a pedir e muito a agradecer. Que eu mereça e reconheça a Tua grandiosidade, porque ela nunca falta para nós. Livra-me das trevas e permita-me sempre ter o corpo e o sangue de Cristo em meu corpo e em meu sangue. Que o Senhor viva em mim. Amém."

"... nenhum de nós segue em frente sem olhar para trás."
(Depois de Você - Jojo Moyes)

DIA 20

"Senhor Deus, tomo a liberdade de chegar até Vós em oração e pedir-vos que abençoeis todos os meus amigos para que eles tenham sempre paz, tranquilidade de espírito, amor em família, fartura à mesa, um teto adequado para morar e muito amor no coração. Com Vosso poder magnífico, protegei-os de todos os males e que eles possam fazer o bem àqueles que deles se aproximarem. Amém!"

"**Aprenda a amar o momento em que você está. Valorize suas experiências, pois momentos preciosos passam muito rapidamente por você, e se você está sempre correndo em direção ao futuro, ou com saudades do passado, você vai esquecer-se de desfrutar e apreciar o presente.**"
(O Destino do Tigre - Colleen Houck)

DIA 21

"Senhor, agradeço-te pelo ontem e pelo hoje. Senhor, agradeço-te pelo amanhã. Senhor, agradeço-te pelas bênçãos já recebidas e por aquelas que hei de receber. E renovo meus votos para fazer jus a tanta dedicação e tanta plenitude. Senhor, agradeço-te, porque és maravilhoso. Senhor, agradeço-te, porque compreendo o quanto és poderoso. Senhor, agradeço-te, porque compreendo que te seguindo estou melhor. Senhor, mesmo sabendo que em mim, a fé sendo do tamanho de um grão de mostarda, derramarás as Tuas bênçãos sobre esse pobre servo. Como posso, então, deixar de agradecer? Em nome de Jesus Cristo, Vosso Filho salvador, obrigado(a), obrigado(a), muito obrigado(a)!"

"Confia teus negócios ao Senhor e teus planos terão bom êxito."
(Provérbios 16:3)

DIA 22

"Esteja sempre comigo, querido mestre Jesus. Peço-te de todo o meu coração que acompanhe os meus passos nessa caminhada terrena. Esteja sempre comigo para que eu não peque, não levante falso testemunho e não aja com orgulho. Abra o meu coração para que eu seja menos egoísta e mais caridoso(a), podendo assim ser digno(a) de salvação. Amém."

"... o avanço e a mudança vêm lentamente."
(Minha História - Michelle Obama)

DIA 23

"Senhor Deus, ajuda-nos a trilhar o Vosso caminho de luz.
Amado Pai, humildemente nos submetemos a Ti e pedimos que
faça valer Teu amor incondicional por nós e nos protejas de todo
o mal, seja causado por nossos próprios pensamentos impuros
e de pecadores que somos, ou seja causado por pensamentos e
maldades de outros. Senhor, ajuda-nos a nos purificar. Senhor,
que tenhamos somente pensamentos amorosos e bondosos, e
aceitemos prontamente tudo aquilo que em tua providência nos
tens dado. Por Jesus Cristo. Amém!"

**"Coisa nenhuma é ruim, a
menos que você ache que é."**
**(Pensamentos de Sabedoria -
Dr. Wayne W. Dyer)**

DIA 24

"Louvai o Senhor, porque Ele é bom, porque a Sua misericórdia
é eterna. Dizei: 'Salvai-nos, Deus de nossa salvação, e recolhei-
nos e salvai-nos de entre as nações para que possamos celebrar
o Vosso santo nome e ter a satisfação de Vos louvar'. Bendito
seja o Senhor, Deus de Israel, pelos séculos dos séculos! E todo
o povo disse: 'Amém!' e 'Louvai o Senhor!' "

(1Crônicas 16:34-36)

**"Pode ser injusto, mas o que
acontece em poucos dias, às
vezes até uma única vez, pode
alterar o rumo da vida inteira..."**
(O Caçador De Pipas - Khaled Hosseini)

DIA 25

"Eu vacilei, o Senhor me sustentou. Eu sofria, o Senhor aliviou minha dor. Eu estava descrente, as palavras de Jesus, Vosso Filho, me inspiraram a fé e a esperança. Eu tinha dores pelo corpo e a morte veio lentamente, o Senhor, nesta hora, nos encheu de conforto e misericórdia. Eu não via luz, o Senhor me guiou por entre as trevas. Eu estava perdido(a), o Senhor me levou a caminhar de forma reta no estreito caminho da salvação. Eu estava desorientado(a), Suas palavras de fé foram um alento. Eu zombei do meu irmão, e me orientaste calmamente para não me sentir nem pior, nem melhor do que ninguém. Eu cometi injustiças, nem por isso meus irmãos me injustiçaram. Eu fui embora, e orientado por Vós, na volta, meus irmãos me acolheram. Eu fiz maldades, mas os irmãos a ignoraram e me receberam com um sorriso de bondade. Eu fui egoísta, mas meu irmão foi generoso. Eu fui um filho(a) ingrato(a) quando tinha a melhor de todas as graças que alguém pode ter: a vida. Como posso, então, duvidar do Vosso amor? Tens me dado a melhor graça que eu posso alcançar. Por isso, ó meu Deus, que eu seja, agora, digno(a), mesmo nos pequenos atos, digno(a) dessa grande dádiva. Eu te amo e te bendigo, meu Deus. Amém!"

"Os sonhos, por serem verdadeiros projetos de vida, resgatam nosso prazer de viver e nosso sentido de vida, que representam a felicidade essencial que todos procuramos."
(Nunca Desista de Seus Sonhos - Augusto Cury)

DIA 26

"Maria Santíssima, Rainha da Igreja, olha por aqueles que construíram uma geração: nossos amados avós. Que eles possam espalhar a luz de suas experiências em nossas vidas e nas vidas de nossos filhos, para que seus exemplos de bondade, temperança e dedicação jamais sejam esquecidos. Aos vovôs e vovós que já estão junto a Deus, enviamos os votos de eterna gratidão pelo presente mais precioso – a vida. Maria Santíssima, rogai por nós."

"Para aprender, não basta só ouvir por fora: é necessário entender por dentro. Se a luz de dentro é muita, aprende-se muito; se pouca, pouco; se nenhuma, nada."

(Sermão do Espírito Santo - Padre Antônio Vieira

DIA 27

"Bendito seja aquele que fala em nome do Senhor. Por isso, bendirei ao Senhor a toda hora e por todo o tempo. Bendito seja aquele que ora em nome do Senhor. Por isso, rezarei ao Senhor a toda hora e a todo tempo. A toda hora em que posso, lembro-me de Ti, Senhor, e com isso afasto os males do meu coração. A toda hora lembro-me ainda mais de Ti, Senhor, e com isso meu coração se aquieta. Cabe a mim, aceitar Sua vontade, Senhor. Por isso, bendirei ao Senhor a toda hora e por todo o tempo. Bendito seja aquele que ora em nome do Senhor. Por isso, rezarei ao Senhor a toda hora e a todo tempo. Assim seja!"

"Há sempre alguma loucura no amor. Mas também há sempre alguma razão na loucura."
(Assim Falou Zaratustra - Friedrich Nietzsche)

DIA 28

"Ouve-me quando eu clamo, ó Deus da minha justiça, na angústia me deste largueza; tem misericórdia de mim e ouve a minha oração. Filhos dos homens, até quando convertereis a minha glória em infâmia? Até quando amareis a vaidade e buscareis a mentira? (Selá). Sabei, pois, que o Senhor separou para si aquele que é piedoso; o Senhor ouvirá quando eu clamar a Ele."

(Salmo 4:1-3)

"Que tua mão não seja aberta para receber, e fechada para dar."
(Eclesiástico 4:36)

DIA 29

"Jesus, amado mestre, o Senhor esteve aqui na Terra para nos ensinar o amor, o respeito, a compaixão, a caridade, a paciência e a fé, entre tantas outras coisas. Eu te agradeço por permitir que sempre que preciso, na hora da dúvida ou da aflição, eu possa me consolar em Tuas palavras e em Teus exemplos. Amém."

"A vida é curta."
(A Fúria dos Reis - George R.R. Martin)

DIA 30

"Imaculada e compassiva Virgem Maria, suplicamos a ti, Virgem, nos ilumine com com tua pureza e nos conduza pelo caminho do bem, ao teu lado, até a eternidade. Sejas nossa salvação, pois não somos nada sem ti. Amém."

"Às vezes, só na escuridão é que conseguimos ver a luz."
(Philia - Padre Marcelo Rossi)

DIA 31

"Senhor, permita-me ouvir Teu chamado, que conduz-me a uma vida melhor. Que eu possa amparar o meu semelhante em sua necessidade. Peço que derrame milagres sobre os doentes e sobre os idosos, que tanto precisam do Teu divino poder. Amém."

"Quem pisca os olhos traz desgosto, mas o que repreende com franqueza procura a paz."
(Provérbios 10:10)

AGOSTO

DIA 1

"Em nome de todos os santos e de toda a legião de arcanjos do mês de agosto, liderados pelo arcanjo Miguel, eu lhe peço, Deus nosso, que esta oração atraia riqueza, abundância e prosperidade para a minha vida e a de toda a minha família. Que as riquezas venham ao meu alcance e eu saiba fazer bom uso delas para mim, minha família e para ajudar meu semelhante. Que todos os dias deste mês, a vitoriosa presença do Senhor esteja comigo, com minha família e com meus semelhantes, para que sejamos todos conquistadores e vencedores em qualquer empreendimento. Que eu possa suprir todas as minhas necessidades, de minha família, de meus semelhantes e dar honra e glória, agradecendo sempre as bênçãos que me forem ofertadas hoje e para sempre, em Vosso santo nome. Amém."

"Eu aprendi muitas lições grandiosas com o meu pai, sendo a mais importante a de que você pode falhar fazendo o que não quer. Então você deveria se dar uma chance de fazer o que ama."
(Jim Carrey)

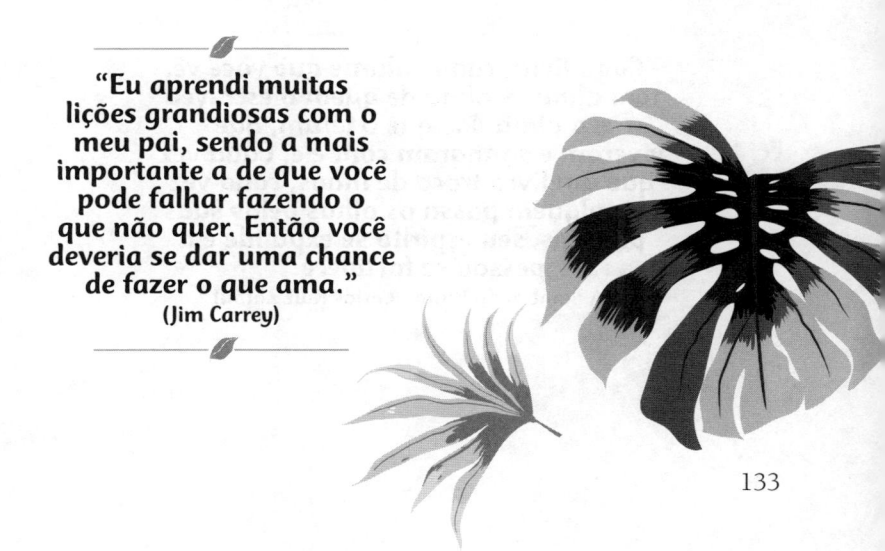

DIA 2

"Ó Deus, meu amado Pai, guie este mundo para que a constituição da família mantenha-se firme. Neste dia, peço-lhe que abençoe os pais, ajudando-os na missão de levar o amor, a firmeza e a proteção às suas famílias, especialmente seus filhos, seus rebentos na herança do amor. Cuide de suas chagas, protegendo-os das tentações, da luxúria e do abandono. Senhor Deus, vos pedimos essa graça e lhe ofertamos nossa fé. Amém."

———————— ✿ ————————

"Cada livro, cada volume que você vê, tem alma. A alma de quem o escreveu e a alma dos que o leram, que viveram e sonharam com ele. Cada vez que um livro troca de mãos, cada vez que alguém passa os olhos pelas suas páginas, seu espírito se expande e a pessoa se fortalece."

(A Sombra do Vento - Carlos Ruiz Zafón)

———————— ✿ ————————

DIA 3

"A Ti, Senhor, levanto a minha alma. Deus meu, em Ti confio, não me deixes confundido, nem que os meus inimigos triunfem sobre mim. Na verdade, não serão confundidos os que esperam em Ti; confundidos serão os que transgridem sem causa. Faze-me saber os Teus caminhos, Senhor; ensina-me as Tuas veredas. Guia-me na Tua verdade, e ensina-me, pois Tu és o Deus da minha salvação; por Ti estou esperando todo o dia."

(Salmo 25:1-5)

> **"A perfeição não é nada mais do que um fantasma que perseguimos."**
> (Dumplin - Julie Murphy)

DIA 4

"Anjos do Senhor, venham em meu auxílio. Socorram-me em todas as necessidades e nunca permitam que eu me afaste de Deus altíssimo. Passem na frente de todos os projetos e trabalhos que são confiados pela misericórdia divina. Ajudem-me a carregar a cruz de cada dia e não deixem que o desânimo do peso faça-me esmorecer. Ao crer que estais ao redor de Deus vigiando e intercedendo por todos nós, anjos de luz, vos pedimos por todos aqueles que amamos. Imploramos para ter uma boa saúde, um bom trabalho e sermos contados entre aqueles que merecerão a glória da eternidade. Iluminai-nos para nunca fugirmos do caminho do bem e sempre andarmos rumo à luz de Jesus."

> **"O mais importante na vida é aprender a dar amor e a recebê-lo."**
> (A Última Grande Lição - Mitch Albom)

DIA 5

"Derramai em nós, Vos suplicamos Senhor, as bênçãos de saúde que tanto imploramos. Com o Vosso poder, entra em nossa corrente sanguínea, percorrendo todas as nossas células. Ó Deus Todo-Poderoso, visita os nossos órgãos e restaura tudo aquilo que não estiver conforme a perfeição que criastes. Abençoai o nosso entendimento e concedei a todos os profissionais da área de saúde para que, munidos da santa sabedoria, possam fazer um diagnóstico preciso e que, com Vossa ajuda, eu possa ser curado das doenças que me abaterem. Assim como Vosso amantíssimo Filho, pelo poder confiado por Vós a Ele, curou vários enfermos, também pedimos para que retire de nós todo o princípio de enfermidade e que possamos, com a Vossa graça, ser portadores de uma santa saúde. Tudo isso Vos pedimos pelos méritos sacrossantos de Vosso Filho que convosco vive e reina na unidade do Espírito Santo. Amém."

"Um sorriso isoladamente pode não parecer muito importante, mas um sorriso isolado é parte de um longo processo. Uma flor isoladamente não é um buquê, é claro, mas não haverá um buquê se não houver flores isoladas para serem reunidas."
(A Jornada de Ser Humano - Osho)

DIA 6

"Salve Maria Imaculada, guie-nos pelos caminhos mais seguros. Vai, Maria, na frente de nós para nos proteger de todos os perigos das ruas e estradas. Conduzi todos os motoristas para que andem com prudência e respeito com seus colegas de direção. Compadecei-vos de tantas almas que foram ceifadas no trânsito por imprudência ou maldade. Concedei-nos que, por vosso amor, haja sempre consideração entre os motoristas e que, a santa sabedoria e calma, sejam os alicerces de convivência fraterna dos condutores. Amém."

"A alma generosa será cumulada de bens; e o que largamente dá, largamente receberá."
(Provérbios 11:25)

DIA 7

"A esperança tem sido tão necessária nos dias atuais, ó, meu Pai! Por isso, Deus, peço-lhe que coloque Sua mão sagrada em cada um de nós, seus filhos e filhas pecadores, que tanto lhe amam. Nos ajude a seguir convosco, caminhando ao seu lado na missão do amor e da caridade. Abra o coração dos Vossos fiéis, para que com Sua graça e proteção consigamos manter acesa a chama do entusiasmo, da alegria e da fé. Amém."

"Nas melhores conversas, nem nos lembramos do que falamos, só nos lembramos da sensação."
(Tartarugas Até Lá Embaixo - John Green)

DIA 8

"Sede-nos propício, Senhor nosso Pai, para cuidar de todos os agonizantes que hoje entregaram suas almas a Deus. Também rogamos pelos nossos parentes, amigos e benfeitores que também deixaram este mundo na esperança de continuarem a sua existência na pátria celeste. Não permitais que eles se separem de Vós. Restaurai todas as feridas desses nossos irmãos e irmãs com o poder de nossa oração. Perdoai-lhes os pecados cometidos aqui, na Terra, e confortai-lhes o coração para que, livres da culpa, possam ser contados entre os escolhidos para contemplar a Vossa sagrada face. Amém."

"Dar um passo na direção desejada já é chegar."
(Tempo de Esperas - Padre Fábio de Melo)

DIA 9

"Na luz do meu discernimento sinto que chegou o instante de demonstrar que há amor em meu coração e pureza em minha alma, por isso, recorro à sua ajuda, Nossa Senhora Aparecida, para que eu continue a resolver meus problemas com clareza e fé, sempre contando com sua imensa luz e sabedoria. Obrigado(a) por me abrigar em seu coração e me cobrir com seu manto sagrado. Amém."

"Pessoas com deficiências devem se concentrar nas coisas que a desvantagem não as impede de fazer, e não lamentar as que são incapazes de realizar."
(Minha Breve História - Stephen Hawking)

DIA 10

"Deus, Pai de misericórdia, ilumina-me com Tua gratidão para que eu também possa agradecer por todos os pequenos e grandes acontecimentos em minha vida. Que eu saiba aproveitar todas as obras maravilhosas que o Senhor fez e faz por mim. Amém."

"Mais vale um pobre que caminha na integridade do que um rico em caminhos tortuosos."
(Provérbios 28:6)

DIA 11

"A lei do Senhor é perfeita, e refrigera a alma; o testemunho do Senhor é fiel, e dá sabedoria aos símplices. Os preceitos do Senhor são retos e alegram o coração; o mandamento do Senhor é puro, e ilumina os olhos. O temor do Senhor é limpo, e permanece eternamente; os juízos do Senhor são verdadeiros e justos juntamente. Mais desejáveis são do que o ouro, sim, do que muito ouro fino; e mais doces do que o mel e o licor dos favos. Também por eles é admoestado o teu servo; e em os guardar há grande recompensa. Quem pode entender os seus erros? Expurga-me tu dos que me são ocultos. Também da soberba guarda o Teu servo, para que se não assenhorie de mim. Então serei sincero, e ficarei limpo de grande transgressão. Sejam agradáveis as palavras da minha boca e a meditação do meu coração perante a Tua face, Senhor, rocha minha e Redentor meu!"

(Salmo 19:7-14)

"Da escola de guerra da vida — O que não me mata me fortalece."
(Crepúsculo dos Ídolos – Friedrich Nietzsche)

DIA 12

"Porque, quem quiser salvar a sua vida, irá perdê-la; mas quem sacrificar a sua vida por amor de mim, irá salvá-la. Pois que aproveita ao homem ganhar o mundo inteiro, se vem a perder-se a si mesmo e se causa a sua própria ruína? Se alguém se envergonhar de mim e das minhas palavras, também o Filho do Homem se envergonhará dele, quando vier na sua glória, na glória de seu Pai e dos santos anjos."

(Lucas 9:24-26)

**"Temos de pôr de parte
tudo o que nos limita."**
(Fernão Capelo Gaivota - Richard Bach)

DIA 13

"Dai-nos, Deus, o bom exemplo da família de Vosso querido filho. No ambiente de santidade, humildade e caridade viviam em ajuda fraterna São José, o menino Jesus, a Virgem Maria e seus pais Sant'Ana e São Joaquim. Ajudai-nos, Senhor, a ter o mesmo relacionamento de amor com nossos parentes, rezando um com os outros, repartindo o pão cotidiano, chorando e sorrindo. Que sejamos sinais de unidade na família e que saibamos que o maior mandamento é amar o próximo. Amém."

**"Hoje em dia, as pessoas
sabem os preços de tudo
e o valor de nada."**
(O Retrato de Dorian Gray - Oscar Wilde)

DIA 14

"Jesus, Maria, José, sagrada entre as sagradas famílias de toda a humanidade, rogai por nós. O amor do filho, o amor da mãe, o amor do pai, é o caminho da verdade e da vida que nos leva para os páramos celestes, ensinando-nos o meio de nos redimirmos de todos os nossos desacertos ante o vosso sagrado exemplo. Jesus, Maria, José, que semearam a bondade entre os seres mais mesquinhos que já pisaram os mesmos caminhos que pisamos, fazei nascer em nossos corações a esperança, a fé e a caridade, para que possamos atingir um patamar mais elevado e que permita maior proximidade com o reino dos céus. Amém."

**"O amor é como o vento:
não se vê, mas se sente."**
(Um Amor para Recordar - Nicholas Sparks)

DIA 15

"Meu querido e amado Deus, só o Senhor pode me dar o que necessito. Emana sobre mim mais amor, para que eu possa tratar a todas as pessoas com mais cordialidade, com mais gentileza, com menos preconceito. Ajude-me a não me envolver em disputas, brigas e discórdias, dando-me resignação para que assim eu possa aquietar meu coração e obter a paz que tanto preciso. Obrigado(a), meu Senhor. Amém."

**"Nós somos como um lápis
com que Deus escreve os
textos que Ele quer ditos
nos corações dos homens."**
(Irmã Dulce)

DIA 16

"Senhor, nos prometestes que mesmo se tivéssemos a fé do tamanho de um grão de mostarda, nós conseguiríamos mover montanhas. Do mesmo modo, não desprezeis esta fagulha que brota em nosso coração. Mostrai-nos, assim como fizestes com São Tomé, que não devemos ser incrédulos, mas sermos portadores de uma fé inquebrantável e verdadeira. Ajudai-nos a entender as verdades expostas em Vossa boa notícia de salvação, para assim auxiliarmos os nossos irmãos e irmãs na condução de uma vida reta e digna. Dai-nos fé para entender Vossos desígnios de amor para a nossa vida. Fortalecei nosso coração para sempre Vos adorar e bendizer por todo o sempre. Amém."

"Para aprender é necessário ser humilde."
(Ulysses - James Joyce)

DIA 17

"Meu Deus, sei que não mereço Sua indulgência e, por isso mesmo, agradeço imensamente ao Senhor por estar sempre ao meu lado. Obrigado(a) por nunca deixar de ouvir Seus filhos e filhas, e de sempre estender Suas bênçãos quando necessário. Que nós possamos cada vez mais, unidos pela palavra do Senhor, seguir com retidão o caminho que foi para nós escolhido. Amém."

"A capacidade de fazer as coisas rapidamente é sempre muito apreciada pelo possuidor, que frequentemente não repara nas imperfeições da execução."
(Orgulho e Preconceito - Jane Austen)

DIA 18

"Para tudo há um tempo, para cada coisa há um momento debaixo do céu: tempo de nascer e tempo de morrer; tempo de plantar e tempo de arrancar o que se plantou. Tempo de matar e tempo de curar; tempo de demolir e tempo de construir. Tempo de chorar e tempo de rir; tempo de gemer e tempo de dançar. Tempo de atirar pedras e tempo de ajuntá-las; tempo de abraçar e tempo de apartar-se. Tempo de procurar e tempo de perder; tempo de guardar e tempo de jogar fora. Tempo de rasgar e tempo de costurar; tempo de calar e tempo de falar. Tempo de amar e tempo de odiar; tempo de guerra e tempo de paz."

(Eclesiastes 3:1-8)

"A felicidade é tão oposta à vida que, estando nela, a gente esquece que vive. Depois quando acaba, dure pouco, dure muito, fica apenas aquela impressão do segundo."

(Amar, Verbo Intransitivo - Mário de Andrade)

DIA 19

"Senhor meu Deus, eu Vos agradeço de todo coração pela proteção que a mim concede e pela forma como ilumina minha vida, não deixando que eu caia em tentação. Que eu seja sempre digno(a) de seguir seus passos, de forma a não me desviar do caminho ao qual o Senhor me confiou. Amém."

"Às vezes é preciso meter a cara. Tentar fazer o que for mais difícil."
(Um Hotel na Esquina do Tempo - Jamie Ford)

DIA 20

"Senhor Jesus Cristo, Vós, sendo Deus, quisestes assumir nossa humanidade para que fossemos salvos. Até começar Vosso plano de amor, ajudastes São José nos serviços de carpintaria. Deste modo, mostrastes a nós a importância do serviço para se ganhar o sustento diário. Da mesma maneira, inspira-nos com sabedoria para que possamos fazer um trabalho digno e sermos sinais de Vossa presença, dentro do ambiente de nosso trabalho. Dai-nos a graça de contarmos com um serviço duradouro e estável, bons colegas e uma excelente oportunidade de crescimento dentro de nossos cargos. Derramai Vossas bênçãos para que façamos um trabalho digno, honesto, ético e inteligente. Capacitai-nos para que sempre sejamos portadores de Vossa paz e de Vossa misericórdia em nosso emprego. Assim seja!"

"A traição mais vergonhosa não é a que oferecemos ao outro. Há um modo ainda mais cruel de sermos infiéis. Trai pior, ainda mais cruelmente, aquele que trai si mesmo."
(O Discípulo da Madrugada - Padre Fábio de Melo)

DIA 21

"A religião pura e sem mácula aos olhos de Deus e nosso Pai é esta: visitar os órfãos e as viúvas nas suas aflições, e conservar-se puro da corrupção deste mundo."

(Tiago 1:27)

"Você é capaz de seguir em frente. Basta acreditar em si mesmo."
(Os Quase Completos - Felippe Barbosa)

DIA 22

"Bem-aventurados os que têm um coração de pobre, porque deles é o Reino dos Céus! Bem-aventurados os que choram, porque serão consolados! Bem-aventurados os mansos, porque possuirão a terra! Bem-aventurados os que têm fome e sede de justiça, porque serão saciados! Bem-aventurados os misericordiosos, porque alcançarão misericórdia! Bem-aventurados os puros de coração, porque verão Deus! Bem-aventurados os pacíficos, porque serão chamados filhos de Deus! Bem-aventurados os que são perseguidos por causa da justiça, porque deles é o Reino dos Céus! Bem-aventurados sereis quando vos caluniarem, quando vos perseguirem e disserem falsamente todo o mal contra vós por causa de mim. Alegrai-vos e exultai, porque será grande a vossa recompensa nos céus, pois assim perseguiram os profetas que vieram antes de vós."

(Mateus 5:3-12)

"Quem descuida das coisas pequenas pouco a pouco cai nas maiores."
(Confissões - Santo Agostinho)

DIA 23

"Jesus Cristo, que a paz do Senhor esteja em nossos corações, conduzindo-nos a viver na bondade que nos ensinou, e afastando-nos de todo o pecado que nos cerca. Que Tua paz seja, em nós, um guia de Teus santos passos. Amém."

"Não existem fatos eternos: assim como não existem verdades absolutas."
(Humano, Demasiado Humano – Friedrich Nietzsche)

DIA 24

"Ó! Deus e Senhor de todos, Pai benevolente de nosso senhor Jesus Cristo, autor e princípio da humanidade. A Vós recorremos para pedir Vossa santa paz. Em tempos de grande desespero, nas tempestades da vida, dai-nos Vossa mansidão e tornai suave o peso de nossos problemas. A paz que desejamos é aquela inspirada no divino ensinamento. Ao pedido de Vosso amantíssimo Filho, pregado no madeiro da cruz para nossa salvação, transformastes Seu sofrimento e morte em ressurreição. Do mesmo modo, ó Pai, tornai nossas dívidas, angústias e tristezas, ensinamentos para o nosso coração, concedendo-nos a graça de contar com a celestial paz que vem de Vós. Amém."

"A existência é mais divertida a dois."
(A Montanha Mágica - Thomas Mann)

DIA 25

"Senhor meu Deus, Pai e Todo-Poderoso, dê-me a graça de sentir a paz em meu coração. Quebre os laços do mal e dos traiçoeiros, e coloque em meu caminho somente as pessoas que tenham boas intenções, e que venham somar à minha vida e ao meu espírito. Amém."

"Quando você ama alguém, ama essa pessoa e mesmo não tendo mais nada a oferecer, continuar oferecendo-lhe o seu amor."
(1984 - George Orwell)

DIA 26

"Deus Todo-Poderoso, sei que o Senhor me protege todos os dias, e agradeço imensamente por Vossa bondade e misericórdia. Quero, no entanto, pedir também que proteja todas as pessoas que amo. Ajude-as a se manterem no caminho da palavra do Senhor para que também recebam as bênçãos. Assim seja."

"Meus conhecidos são muitos, meus amigos são poucos; os que me conhecem de verdade menos ainda."
(A Sangue Frio - Truman Capote)

DIA 27

"Senhor, como se têm multiplicado os meus adversários! São muitos os que se levantam contra mim. Muitos dizem da minha alma: 'Não há salvação para ele em Deus' (Selá). Porém Tu, Senhor, és um escudo para mim, a minha glória, e o que exalta a minha cabeça. Com a minha voz clamei ao Senhor, e ouviu-me desde o Seu santo monte (Selá). Eu me deitei e dormi; acordei, porque o Senhor me sustentou. Não temerei dez milhares de pessoas que se puseram contra mim e me cercam. Levanta-te, Senhor; salva-me, Deus meu; pois feriste a todos os meus inimigos nos queixos; quebraste os dentes aos ímpios. A salvação vem do Senhor; sobre o Teu povo seja a Tua bênção (Selá)."

(Salmo 3)

"O espelho nos dá essa sensação mágica de, subitamente, tomarmos consciência de nós mesmos. É o momento em que você se encontra com o que você representa para o mundo."
(Feliz Ano Velho - Marcelo Rubens Paiva)

DIA 28

"Santo Agostinho, cheio de dignidade, de amor fervoroso e brilho incansável, ampara-nos e protege-nos da infelicidade, do perigo, da calúnia, dando-nos sabedoria, discernimento, calma e presença de amor divino. Não permita que nos distanciemos da doutrina de Deus, de quem o amor ardoroso e supremo eterniza a nossa vida. Santo Agostinho poderoso, abençoa cada um que lhe procura em momentos de socorro, de nostalgia e falta de direção. Santo Agostinho, realiza milagres por nós, em nome de Deus Pai Todo-poderoso. Assim seja!"

"O segredo para uma vida melhor não é precisar de mais coisas; é se importar com menos, e apenas com o que é verdadeiro, imediato e importante."
(A Sutil Arte de Ligar o F*da-se - Mark Manson)

DIA 29

"Almas benditas, glorificadas por Deus, abençoadas por seu querido filho, Jesus Cristo, olhai por nós em todos os momentos de nossa vida. Não deixeis que mal algum se aproxime de nosso corpo, de nossa alma, de nossa espiritualidade e, especialmente, de nossa devoção à Santíssima Trindade. Amém!"

"...a vida de ninguém é repleta de momentos perfeitos. E se fosse, não seriam momentos perfeitos. Seriam apenas normais. Como você poderia saber o que é a felicidade se nunca tivesse experimentado as quedas?"
(P.S. Eu Te Amo - Cecelia Ahern)

DIA 30

"Dou graças a meu Deus, cada vez que de Vós me lembro. Em todas as minhas orações, rezo sempre com alegria por todos vós, recordando-me da cooperação que haveis dado na difusão do Evangelho, desde o primeiro dia até agora. Estou persuadido de que aquele que iniciou em vós esta obra excelente lhe dará o acabamento até o dia de Jesus Cristo. É justo que eu tenha bom conceito de todos vós, porque vos trago no coração, por terdes tomado parte na graça que me foi dada, tanto na minha prisão como na defesa e na confirmação do Evangelho. Deus me é testemunha da ternura que vos consagro a todos, pelo entranhado amor de Jesus Cristo! Peço, na minha oração, que a vossa caridade se enriqueça cada vez mais de compreensão e critério, com que possais discernir o que é mais perfeito e vos torneis puros e irrepreensíveis para o dia de Cristo, cheios de frutos da justiça, que provêm de Jesus Cristo, para a glória e louvor de Deus."

(Filipenses 1:3-11)

"Quando você deseja uma coisa, todo o Universo conspira para que possa realizá-la."
(O Alquimista - Paulo Coelho)

DIA 31

"Glória ao Pai, ao Filho e ao Espírito Santo. Como era no princípio, agora e sempre. Amém."

"O que acontece em nossas vidas não tem a ver com o acaso. Tem a ver com escolhas."
(Fique Forte - Nick Vujicic)

SETEMBRO

DIA 1

"Por todos os santos e anjos lembrados neste mês, como os santos gêmeos, Cosme e Damião, ou como os anjinhos do amor, querubins, por todos eles e mais uma legião de benfeitores divinos, eu peço graças. Peço a presença de Deus em torno de mim, guardando-me de toda a maldade. Peço a licença de ter a garantia de prosperidade, saúde e sabedoria sobre a minha mente, abundância sobre meu lar e meus negócios, e paz e amor sobre meu coração. Tenho a certeza de que com essas forças universais e pela graça, ainda de nosso Senhor Jesus Cristo, nada irá me perturbar. Que cada dia deste novo mês seja um dia de glória, que cada dia seja santificado e que possa honrar o nome de Jesus, de seus santos, anjos e daqueles que em vida, e em espírito, sempre lhe renderam glória. Eu sou uma rocha. Eu sou a pura radiação de seu amor divino, envolvendo este corpo, e sua luz e energia, que me cobrem e protegem de tudo e de todos os males. Amém."

"Acho que a vida gosta de fazer isso com a gente de vez em quando: te joga num mergulho em alto-mar e, quando parece que você não vai suportar, ela te traz para a terra firme de novo."
(Simplesmente Acontece - Cecelia Ahern)

DIA 2

"Nossa Senhora, que durante a crucificação esteve ao lado do filho amado, Nosso Senhor Jesus Cristo, jamais esmoreceu, jamais enfraqueceu, jamais desconfiou, jamais desanimou. Que essa força habite meu ser e contagie meus familiares, amigos e conhecidos. Que a boa saúde, a disposição e o equilíbrio das emoções sempre estejam presentes e que as doenças, os desalentos e as prostrações por aqui não encontrem morada. Amém."

"Você só vive uma vez. É sua obrigação aproveitar a vida da melhor forma possível."
(Como eu Era Antes de Você -
Jojo Moyes)

DIA 3

"Deus é o nosso refúgio e fortaleza, socorro bem presente na angústia. Portanto não temeremos, ainda que a Terra se mude, e ainda que os montes se transportem para o meio dos mares. Ainda que as águas rujam e se perturbem, ainda que os montes se abalem pela sua braveza (Selá). Há um rio cujas correntes alegram a cidade de Deus, o santuário das moradas do Altíssimo. Deus está no meio dela; não se abalará. Deus a ajudará, já ao romper da manhã. Os gentios se embraveceram; os reinos se moveram; Ele levantou a sua voz e a Terra se derreteu. O Senhor dos exércitos está conosco; o Deus de Jacó é o nosso refúgio (Selá)."

(Salmo 46: 1-7)

"Rezar é a melhor maneira de permanecer em paz."
(Kairós - Padre Marcelo Rossi)

DIA 4

"Ó! Deus e Senhor nosso, consagrastes a família como um dos maiores bens da humanidade. Foi no seio familiar que também enviastes Vosso Filho único para salvar toda a humanidade. Do mesmo modo, incessantemente Vos pedimos, Senhor, que infundas em nós o discernimento para que sejamos fontes e origens de graças dentro das nossas casas, irradiadores de amor e compreensão e, acima de tudo, portadores de verdadeira caridade fraterna. Senhor, queremos que nosso lar seja o berço da felicidade e imitação do lar santo de Nazaré, local que Jesus, Maria e José viveram repletos de Vossa presença. Amém."

"... é que na vida há coisas muito mais importantes do que vencer."
(A Garota que Você Deixou para Trás - Jojo Moyes)

DIA 5

"Pai eterno, de todo o meu ser, eu lhe adoro. Agradeço ao Senhor por me dar a vida e por criar todas as coisas do mundo, das mais ínfimas as mais complexas. Agradeço por deixar seu Filho, Jesus Cristo, vir ao mundo para nos ensinar o caminho do amor e da paz, e por nos dar a chance de retribuirmos todos os seus ensinamentos sendo gentis, amorosos e piedosos com nossos irmãos. Desejo, meu Deus, poder me espelhar em Vós para todo o sempre. Amém."

"... as pessoas cometem erros, e você tem que decidir se os erros são maiores do que seu amor por elas."
(O Ódio que Você Semeia - Angie Thomas)

DIA 6

"Perdoa-nos em Teu infinito amor e bondade, Deus. Clamamos humildemente em nome de Vossos santos, que passaram pela face da Terra e hoje repousam ao Teu lado, para que salve nossas almas e as almas de nossos amigos e das boas pessoas que passaram por nossas vidas. Amém."

"Todos nós temos mistérios, especialmente quando vistos pelo lado de dentro."
(Todo Dia - David Levithan)

DIA 7

"Jesus, Maria e José, vos pedimos para que sempre abençoeis todos ao que habitam nossa casa, para que sempre haja diálogo e compreensão entre pais e filhos. Concedei-nos que o amor mútuo e fraterno seja o rei de nossa residência; que o respeito seja o princípio norteador de nossos passos; que o carinho seja o sinal visível de Vossas presenças em nossas vidas e que a oração seja fundamento de exemplo de bondade para todos. Desejamos que, nas aflições, a Santa Família seja o nosso escudo de proteção e auxílio para que o entendimento seja o propósito de nossa existência. Amém."

"Quem segue a justiça e a misericórdia, achará vida, justiça e glória."
(Provérbios 21:21)

DIA 8

"Fazei-me justiça, Senhor, pois tenho andado retamente e, confiando em Vós, não vacilei. Sondai-me, Senhor, e provai-me; escrutai meus rins e meu coração. Tenho sempre diante dos olhos Vossa bondade, e caminho na Vossa verdade. Entre os homens iníquos não me assento, nem me associo aos trapaceiros. Detesto a companhia dos malfeitores, com os ímpios não me junto. Na inocência lavo as minhas mãos, e conservo-me junto de Vosso altar, Senhor, para publicamente anunciar Vossos louvores, e proclamar todas as Vossas maravilhas. Senhor, amo a habitação de Vossa casa, e o tabernáculo onde reside a Vossa glória."

(Salmo 26:1-8)

> **"As nuvens passam, mas o céu permanece."**
> **(Confissões - Santo Agostinho)**

DIA 9

"Em ti, Senhor, confio; nunca me deixes confundido(a). Livra-me pela Tua justiça. Inclina para mim os Teus ouvidos, livra-me depressa; sê a minha firme rocha, uma casa fortíssima que me salve. Porque Tu és a minha rocha e a minha fortaleza; assim, por amor do Teu nome, guia-me e encaminha-me."

(Salmo 31: 1-3)

> **"Para saber como amar alguém, devemos entender essa pessoa. Para entendê-la, precisamos escutar."**
> **(A Arte de Amar - Thich Nhat Hanh)**

DIA 10

"Bendito seja o Senhor, Deus de Israel, porque visitou e resgatou o Seu povo, e suscitou-nos um poderoso Salvador, na casa de Davi, Seu servo (como havia anunciado, desde os primeiros tempos, mediante os Seus santos profetas), para nos livrar dos nossos inimigos e das mãos de todos os que nos odeiam. Assim exerce a Sua misericórdia com nossos pais, e se recorda de Sua santa aliança, segundo o juramento que fez ao nosso pai Abraão: de nos conceder que, sem temor, libertados de mãos inimigas, possamos servi-lo em santidade e justiça, em Sua presença, todos os dias da nossa vida. E Tu, menino, serás chamado profeta do Altíssimo, porque precederás o Senhor e lhe prepararás o caminho, para dar ao Seu povo conhecer a salvação, pelo perdão dos pecados. Graças à ternura e misericórdia de nosso Deus, que nos vai trazer do alto a visita do sol nascente, que há de iluminar os que jazem nas trevas e na sombra da morte e dirigir os nossos passos no caminho da paz."

(Lucas 1: 68-79)

"Nada é impossível."
(Dom Quixote - Miguel de Cervantes)

DIA 11

"Meu bom Deus, quero te agradecer por me dar o dom da vida, permitindo que eu possa levar Sua palavra a outras pessoas durante minha caminhada. Amém."

"Porque o amor é a coisa mais suave, e mais viva e mais sensata. E o preço importa pouco."
(Bom Dia Tristeza - Françoise Sagan)

DIA 12

"Humildemente, ajoelho-me aos Teus pés, meu Pai Todo-Poderoso, para pedir-te que, primeiramente, perdoe-me dos meus pecados e, em um segundo momento, ensina-me a perdoar. Quero seguir os Teus mandamentos, Pai celestial, e não cometer nenhuma falta que me coloque como uma pessoa injusta e incapaz de abraçar a fé. Torna-me adorável diante dos Teus olhos, Senhor, e permitas que eu ministre as Tuas palavras de fé, amor e bondade a todos aqueles que se aproximarem de mim em busca de uma liberdade espiritual."

"A humildade lhe permite crescer a partir dos próprios erros e saber que todo mundo e todas as vivências podem lhe ensinar alguma coisa."
(Aprendizados - Gisele Bündchen)

DIA 13

"Deus, peço-te em nome da Sagrada Família, um verdadeiro exemplo de amor, que eu possa ter em meu coração a pureza que me aproxima de Vós e me afasta do mal. Que meus pecados sejam redimidos pela Tua caridade, Pai, e que eu possa alcançar a luz da misericórdia eterna. Por Deus, nosso Senhor. Amém."

"Antes de julgar, procura ser justo; antes de falar, aprende."
(Eclesiástico 18:25-26)

DIA 14

"Ouvi, Senhor, uma causa justa! Atendei a meu clamor! Escutai minha prece, de lábios sem malícia. Venha de Vós o meu julgamento, e Vossos olhos reconheçam que sou íntegro. Podeis sondar meu coração, visitá-lo à noite, prová-lo pelo fogo, não encontrareis iniquidade em mim. Minha boca não pecou, como costumam os homens; conforme as palavras dos Vossos lábios, segui os caminhos da lei. Meus passos se mantiveram firmes nas Vossas sendas, meus pés não titubearam. Eu Vos invoco, pois me atendereis, Senhor; inclinai Vossos ouvidos para mim, escutai minha voz. Mostrai a Vossa admirável misericórdia, Vós que salvais dos adversários os que se acolhem à Vossa direita. Guardai-me como pupila dos olhos, escondei-me à sombra de Vossas asas, longe dos pecadores, que me querem fazer violência."

(Salmo 17:1-9)

"Quando tiver que escolher entre estar certo e ser gentil, escolha ser gentil."
(Extraordinário - R. J. Palacio)

DIA 15

"Deus, Pai amado, prepare o meu espírito, ilumine o meu caminho e me torne digno(a) de entrar em Sua morada quando minha jornada terrena chegar ao fim. Amém."

"... porque a vida sem ternura não é lá grande coisa."
(Meu Pé de Laranja Lima - José Mauro de Vasconcelos)

DIA 16

"Deus, Pai de misericórdia, que eu tenha o dom de espalhar a palavra do Senhor entre os meus irmãos e irmãs. Que eu possa levar-lhes alento, paz no coração e lições de humildade através dos ensinamentos que o Senhor nos deixou. Peço que dê força ao meu espírito para que eu possa apenas levar o bem e servir como um bálsamo àqueles que precisarem. Faça de mim seu instrumento, ó Pai amado."

"Cada morte leva consigo um pequeno pedaço nosso e assim seguimos, às vezes esburacados, às vezes mais fortes."
(Morada das Lembranças - Daniella Bauer)

DIA 17

"Sob a Vossa proteção nos colocamos, Senhor Deus do universo, para que nos livreis de todo o mal que possa nos atingir. Desça sobre nós Seu manto de amor para nos cobrir de confiança e conceda-nos um espírito decidido, para que saibamos lidar com todos os obstáculos que possam surgir ao vosso plano de amor. Amém."

"[Liberdade] é o direito de decidirmos coisas sobre nós mesmos. A respeito da nossa própria vida."
(A Guerra Que Salvou a Minha Vida - Kimberly Brubaker Bradley)

DIA 18

"Rainha e padroeira do Brasil, Nossa Senhora da Conceição Aparecida, aos vossos pés vos pedimos para que olheis por nós. Alivia nosso fardo, libertando os escravos do pecado e convertendo quem coloca os filhos de Deus sob o jugo da maldade. Pedimos, Senhora Nossa, que abençoeis estes vossos filhos que pedem a vossa intercessão. Toma conta de nossa vida, liberta a nossa família, protege o nosso trabalho. Faça de nosso querido país uma pátria de amor e justiça. Dai-nos a esperança de sermos contados como filhos e filhas do Pai. Nossa Senhora Aparecida, rogai por nós e salvai o Brasil. Amém."

"Não importa o que você faça pelo resto de sua vida, sempre busque a felicidade, que você pode começar de onde estiver."
(Chris Gardner)

DIA 19

"Bendito o homem que deposita a confiança no Senhor, e cuja esperança é o Senhor. Assemelha-se à árvore plantada perto da água, que estende as raízes para o arroio; se vier o calor, ela não temerá, e sua folhagem continuará verdejante; não a inquieta a seca de um ano, pois ela continua a produzir frutos."

(Jeremias 17:7-8)

"Apenas as pessoas com a cabeça muito fraca se recusam a ser influenciadas pela literatura e pela poesia."
(Anjo Mecânico - Cassandra Clare)

DIA 20

"Salve rainha, mãe de misericórdia, vida, doçura, esperança nossa, salve! A vós bradamos, os degredados filhos de Eva. A vós suspiramos, gemendo e chorando neste vale de lágrimas. Eia, pois, advogada nossa, esses vossos olhos misericordiosos a nós volveis, e depois deste desterro mostrai-nos Jesus, bendito fruto do vosso ventre. Ó clemente, ó piedosa, ó doce e sempre Virgem Maria. Rogai por nós, Santa Mãe de Deus, para que sejamos dignos das promessas de Cristo."

"Faça algo que você sempre quis fazer, mas nunca tentou. Dê um abraço inesperado em alguém. Vá ver o pôr do sol. Ligue ou mande uma mensagem para alguém com quem você não fala há algum tempo. Faça as pazes com as pessoas. Viva. Ria. Ame. Muito."

(Para Depois que Eu Partir - Heather McManamy e William Croyle)

DIA 21

"Santa Efigênia, a história nos conta que a senhora foi desafiada por sacerdotes pagãos que rechaçaram sua fé em Cristo. Eles chegaram a preparar uma fogueira em forma de trono e a ofereceram como sacrifício aos falsos deuses. Mas Nosso Senhor, atento ao clamor de Sua filha, a livrou do fogo e do escárnio dos inimigos. Minha generosa Santa Efigênia, peço-te que eu seja justo, persevere na fé e jamais deixe de confiar na Providência Divina. Amém."

"Não sou nada. Nunca serei nada. Não posso querer ser nada. À parte isso, tenho em mim todos os sonhos do mundo."

(Tabacaria - Fernando Pessoa)

DIA 22

"Ó Deus, Tu que és bondade, que olha por nós, entra em nossos corações e faz de nossas vidas a Tua vontade. Não podemos e nem nunca poderemos ser como Vós em Tua glória e Teu poder, mas ensina-nos a Tua compaixão e nos faz crer que sejamos melhores. Encha-nos de Tua bondade e nos agracie com o perdão para que continuemos a buscar Teu exemplo."

"Sempre que tiver vontade de criticar alguém (...) lembre primeiro que nem todas as pessoas do mundo tiveram as vantagens que você teve."
(O Grande Gatsby - Francis Scott Key Fitzgerald)

DIA 23

"Velai, Senhor Jesus Cristo, para que sempre fiquemos sob a proteção de Vosso amor e segurança. Não permitais que o inimigo se escarneça e faça algum dano a nós. De modo especial, protege-nos de roubos e assaltos, e do domínio dos perversos. Tudo aquilo que possuímos e somos é por Vossa graça que recebemos. Todos os bens que temos foram conquistados com o suor de nosso trabalho e porque merecemos. Senhor, por tudo aquilo que somos e realizamos, não deixeis que aqueles que caminham na maldade nos façam o mal. Amém."

"Alguns infinitos são maiores que outros."
(A Culpa é das Estrelas - John Green)

DIA 24

"Por aquele tempo, Jesus pronunciou estas palavras: 'Eu te bendigo, Pai, Senhor do céu e da terra, porque escondeste estas coisas aos sábios e entendidos e as revelastes aos pequenos. Sim, Pai, eu te bendigo, porque assim foi do Teu agrado. Todas as coisas me foram dadas por meu Pai; ninguém conhece o Filho, senão o Pai, e ninguém conhece o Pai, senão o Filho e aquele a quem o Filho quiser revelá-lo. Vinde a mim, vós todos que estais aflitos sob o fardo, e eu vos aliviarei. Tomai meu jugo sobre vós e recebei minha doutrina, porque eu sou manso e humilde de coração e achareis o repouso para as vossas almas. Porque meu jugo é suave e meu peso é leve.'"

(Mateus 11:25-30)

"Só podemos atingir a excelência em algo se estivermos dispostos a falhar. Se você se recusa a correr o risco, não está disposto a ser bem-sucedido."
(A Sutil Arte de Ligar o F*da-se - Mark Manson)

DIA 25

"Pai, obrigado(a) por abrir meus olhos nesta manhã. Com eles poderei enxergar Suas bênçãos diárias. Devo apreciar e agradecer todas as agruras. Elas são colocadas em meu caminho para meu progresso espiritual. Confio em Ti, meu Pai. Amém."

"A força não diz respeito a uma capacidade física. Ela se baseia numa vontade indomável."
(Princípios de Vida: Mahatma Gandhi - Organização Henri Stern)

DIA 26

"São Cosme e São Damião, Vós fostes exemplos de fidelidade a Cristo. Mortos em nome da fé Cristã, são lembrados pela bravura que tiveram até o último momento de vida na Terra. Vós que sois os padroeiros das crianças e dos médicos, e operaram milagres com a divina luz do Espírito Santo. Peço, meus santos, que olhem por nossas crianças que ainda são muito frágeis e tanto precisam de ajuda. Peço também que olhem pelos médicos que seguem o dom dado por Deus de ajudar os doentes. Vossas almas são repletas do amor do Senhor e sei que derramam esse amor aos que clamam, piedosos santos. Sejam por nós. Amém."

**"Trata de saborear a vida; e fica sabendo
que a pior filosofia é a do choramingas
que se deita à margem do rio para o fim de
lastimar o curso incessante das águas. O
ofício delas é não parar nunca; acomoda-te
com a lei, e trata de aproveitá-la."**
(Memórias Póstumas de Brás Cubas - Machado de Assis)

DIA 27

"Louvado seja, Senhor Deus misericordioso, que criou uma legião imensa de anjos e arcanjos, com desdobramentos infinitos para nos protegerem. Todos eles Vos bendizem. Legiões repletas exultam nos céus, felizes por poderem executar a missão que Vós, em Vossa santa misericórdia, em Vossa santa sabedoria, a eles confiou. Saúde e muita energia para enfrentar todas as vibrações negativas emanadas de espíritos que estão nas trevas e que ainda não tiveram a graça de conhecer a Vossa magnitude. E lhes peço, a cada dia, para continuar a promover a paz, a paciência, a serenidade e o amor em todos os corações humanos. Em Vosso nome, eles, anjos, arcanjos, príncipes, querubins, potestades, nos iluminam e brilham em nossas vidas. Que assim seja hoje, e por todos os séculos e séculos. Amém."

"A mão preguiçosa causa a indigência; a mão diligente se enriquece."
(Provérbios 10:4)

DIA 28

"Bendito é Deus, que te sorri através das flores e plantas. A natureza te dá o cheiro do manjericão, a luz do alecrim, a cor dos lírios, das dálias. A cada primavera, tu és o jardineiro que desperta para a semente, a terra, as águas, a serenidade das árvores. 'Eu formo canteiros e viveiros lá fora e aqui dentro de mim!'"

"A alegria é contagiante."
(O Vendedor de Sonhos: O Chamado - Augusto Cury)

DIA 29

"Pai do Céu, que criaste os poderosos seres alados que Vos cercam, envie-me os Teus arcanjos, São Miguel, São Rafael e São Gabriel. Nada mais preciso se tiver os Teus poderosos arcanjos junto de mim, trazendo-me as Tuas graças. Ajuda-me, Senhor, pois sou fraco(a). Dê-me a dádiva de sentir que tenho o Teu divino poder ao meu lado. Venham até mim, seres de luz, e me ajudem a seguir e servir o Senhor."

———————— ✿ ————————

"A vida é muito gostosa de ser vivida, com todas as suas dificuldades, seus altos e baixos, seus sofrimentos e suas alegrias. Há uma coisa extraordinária, que é viver. É um milagre."
(Monja Coen)

———————— ✿ ————————

DIA 30

"Deus, nosso Senhor, pedimos que abrilhante nossas mentes para que a compreensão do Livro Sagrado seja fluente, eficaz e definitiva. Pedimos que nos dê discernimento para captar cada passagem, cada ensinamento, cada narrativa, cada lição de vida. Transforme cada um de nós em um emissor das mensagens bíblicas, para que Sua palavra alcance os corações desabitados, formando uma grande e preciosa corrente de fé e amor. Deus, nosso Senhor, esteja sempre conosco. Amém."

———————

"Cada golpe e cada tombo serve apenas para uma coisa: aprendizado. E o que devemos fazer quando passamos por situações que nos ensinam? Agradecer e, mais do que isso, colocar em prática o novo aprendizado quando uma situação semelhante se apresentar no nosso caminho."
(Me Poupe! - Nathalia Arcuri)

———————

OUTUBRO

DIA 1

"Por todos os santos e anjos que serviram a Vós, Senhor, e estão reverenciados neste mês, quando também é reverenciada a grande Nossa Senhora Aparecida, a padroeira do Brasil, eu vos peço, dignai-vos lembrar deste(a) pobre servo(a) me concedendo um mês cheio de bênçãos e benesses. Eu Vos imploro por saúde, paz, harmonia e prosperidade. Traz até mim e minha família a fartura prometida nas escrituras sagradas. Confio em Ti, Senhor, e sei que o mérito e o bem são deste mundo. Acima de tudo, peço-vos equilíbrio e discernimento para que eu não caia em tentação. Quero em Vosso nome, Senhor, estar sempre ciente do meu juízo e dono(a) do meu completo autocontrole. Ser o mestre que governa meus pensamentos, atos e palavras, para que não venha a pecar jamais. Que eu esteja na plena harmonia e perfeição como criatura divina que sou, digno(a) da Vossa criação. Assim seja."

"A fé é o fundamento da esperança, é uma certeza a respeito do que não se vê. Foi ela que fez a glória dos nossos antepassados. Pela fé reconhecemos que o mundo foi formado pela Palavra de Deus e que as coisas visíveis se originaram do invisível."
(Hebreus 11:1-3)

DIA 2

"Senhor Jesus Cristo, fostes o mais piedoso entre os homens. Tu nos deixastes os mais preciosos ensinamentos, amou até aos que lhe queriam mal e doou-se em nome da humanidade. Ensina-nos a amar assim, para que possamos viver a dádiva das amizades e possamos ceder uma parte, ao menos, de nossas vidas à ajuda ao próximo. Tu que és exemplo, Senhor, permita-nos aprender convosco. Amém."

"As regras, por mais que se diga algo em favor delas, destroem o verdadeiro sentimento da natureza e sua genuína expressão!"
(Os Sofrimentos do Jovem Werther - Johann Wolfgang von Goethe)

DIA 3

"O Senhor reina; está vestido de majestade. O Senhor se revestiu e cingiu de poder; o mundo também está firmado, e não poderá vacilar. O Teu trono está firme desde então; Tu és desde a eternidade. Os rios levantam, ó Senhor, os rios levantam o seu ruído, os rios levantam as suas ondas. Mas o Senhor nas alturas é mais poderoso do que o ruído das grandes águas e do que as grandes ondas do mar. Mui fiéis são os Teus testemunhos; a santidade convém à Tua casa, Senhor, para sempre."

(Salmo 93)

"Você é perfeitamente capaz de aprender. Não dê ouvidos a quem não conhece você. Escute o que sabe. Escute a si mesma."
(A Guerra que Salvou a Minha Vida - Kimberly Brubaker Bradley)

DIA 4

"Santo, santo, santo, que és Francisco protetor dos animais. Por favor, proteja as pequenas criaturas que, neste fim de mundo, estão cada vez mais maltratadas. Não deixeis que os animais de estimação sejam tratados como rudes feras. Fazei com que os seres humanos sejam benignos e bondosos, como tu sempre fostes em vida."

> **"Você não precisa deixar que uma única coisa seja aquilo que define quem você é."**
> (Depois de Você - Jojo Moyes)

DIA 5

"São Benedito, meu amigo e protetor, a vós recorro, sobretudo pelo exemplo de humildade que sois para a minha vida. Mesmo tendo alcançado altos cargos, não deixastes que o poder o corrompesse. Por causa disso, tornastes pobre com os pobres, simples com os simples, mas com abundância de fé, esperança e caridade. Olhai com amor para nós, ó servidor de nosso Senhor, e não deixeis que falte o alimento em nossas mesas. Além de comandar a cozinha do convento com a mais saborosa alimentação, alimente nossa alma com o rico e agradável sustento da palavra de Deus, e do corpo e sangue de nosso Senhor Jesus Cristo. Fazei que imitemos vossa sabedoria para escolher o bem, e ajudar com nosso esforço a todos aqueles que necessitam do pão alimento e da comida espiritual. Amém."

> **"Tu te tornas eternamente responsável por aquilo que cativas."**
> (O Pequeno Príncipe - Antoine de Saint-Exupéry

DIA 6

"Deus Pai Todo-Poderoso, Vós sois o amparo, a vida, a alma, a força e a beleza da juventude. Só Vós tendes o poder de abençoar os jovens em suas caminhadas e atitudes. Esteja, Pai, sempre ao lado deles, em fé, coração e espírito, não deixando com que abandonem a aliança feita convosco ao nascerem, que é de amor e de verdade. Mantenha Deus, no rosto de cada filho, o sorriso de uma vida de ensinamentos cristãos e abençoe-os, livrando-os de todo o mal. Deus Pai Todo-Poderoso, Vossa luz é vital a esses servos. Cubra-os com Vosso manto purificado para todo o sempre. Assim seja!"

"Não há nada como a respiração profunda depois de dar uma gargalhada. Nada no mundo se compara à barriga dolorida pelas razões certas."
(As Vantagens de Ser Invisível - Stephen Chbosky)

DIA 7

"Dirijo-me neste momento a tu, poderoso São Gabriel Arcanjo. Aceite a minha prece e defenda-me do que não me seja verdadeiro. Sei que tu, arcanjo anunciador, é próximo do Senhor e pode me ajudar a me aproximar também de Deus. Guie-me para que eu não me desvie da promessa do Criador. Atenda minha súplica arcanjo Gabriel. Sejas meu companheiro, pois confio em ti."

"As recordações duram uma vida inteira, lembre-se disso."
(P.S. Eu Te Amo – Cecelia Ahern)

DIA 8

"Que a Tua paz esteja sempre conosco, Deus, e que a Tua escolha seja a minha orientação. Que a Tua luz me guie pelos caminhos de bem e que eu nada temas, pois o amor do Senhor me fortalece. Em nome do Pai, do Filho e do Espírito Santo. Amém."

> **"Você pode passar sua vida inteira imaginando fantasmas, preocupando-se com o caminho para o futuro. Mas tudo o que um dia será, é o que está acontecendo aqui. Nas decisões que tomamos neste momento e que são baseadas no amor ou no medo."**
> **(Jim Carrey)**

DIA 9

"O honrado José se aperfeiçoou na carpintaria, a virtuosa Maria se realizou na maternidade. Que o meu trabalho seja digno de bênçãos e possa prover as necessidades da minha família. Que o progresso, a felicidade e o reconhecimento passem na frente; que a escassez, a intriga e a rivalidade fiquem para trás. Nossa Senhora, que eu possa enxergar as oportunidades do caminho e saiba empregar minhas melhores qualidades para coroar com êxito a carreira que escolhi. Amém!"

> **"Quando você pensa que está escapando você volta para si mesmo. A volta por maior que seja é o caminho mais curto para a casa."**
> **(Ulysses - James Joyce)**

DIA 10

"Mestre Jesus, no aconchego do meu coração lembro-me de Ti e da Tua augusta presença entre nós. Como peregrino ando à procura de algo que inunde meu ser de certezas. Vislumbro no horizonte Tua voz bela e cálida anunciando um novo reino, um novo tempo. Ah, Jesus! Quanto tempo longe de Ti. Minha alma sofre com Tua ausência! Pobre alma que não quer sair do cativeiro de si mesma. Necessito, Senhor, encontrar-te. Necessito deste encontro como os pássaros dos ares por onde voejam cumprindo suas missões. Apascenta-me, Senhor. O mundo me exige tanto e tão pouco me dá de retorno! Quero sentir-te de perto, buscar-te como uma mão infantil buscando a mãe do pai ou da mãe para guiá-lo. Hoje sei, Jesus, sou apenas uma ovelha de um rebanho onde és o divino pastor, instituído por Deus, através da outorga sublime que encaminha o filho ao Pai. És, Senhor, meu caminho, minha verdade, minha vida! Reconheço-me assim. Necessito de Ti, acolhe-me, Senhor."

"'Ouvi e compreendei. Não é aquilo que entra pela boca que mancha o homem, mas aquilo que sai dele. Eis o que mancha o homem.'"
(Mateus 15:11)

DIA 11

"Jesus, acenda os meus pensamentos! Que os reflexos da Sua sabedoria guiem as minhas decisões e restaurem a minha muralha contra as fraquezas, as armadilhas e os desenganos. Que o Senhor, fonte de vida, faça desse(a) fiel um(a) propagador(a) da única verdade, com muita devoção e gratidão. Jesus, acenda os meus pensamentos!"

"O homem que julga infalível a sua razão está bem perto do erro."
(O Livro dos Espíritos - Allan Kardec)

DIA 12

"Dai-nos a bênção, ó mãe querida, Nossa Senhora Aparecida, para que possamos enfrentar mais este dia. Dai-nos a bênção, ó mãe querida, Nossa Senhora Aparecida, para que nossos filhos sejam amorosos. Dai-nos a bênção, ó mãe querida, Nossa Senhora Aparecida, para que nossos pais nos compreendam. Dai-nos a bênção, ó mãe querida, Nossa Senhora Aparecida, para que possamos ter um trabalho digno e bem remunerado. Dai-nos a bênção, ó mãe querida, Nossa Senhora Aparecida, para a nossa comunidade, nossa cidade, nosso país, para que vivamos em paz, sem guerra e sem tragédias. Para que o ser humano respeite as leis da natureza. E possamos desfrutar da terra tal qual sempre quis nosso Pai. Hoje e sempre. Amém."

"Não se pode arrancar o amor do coração como se arranca um dente."
(Ilusões Perdidas - Honoré de Balzac)

DIA 13

"Pai que estais no céu, que mandou Vosso filho amado para nossa salvação, permita que eu compartilhe com todos os meus irmãos e irmãs o amor que tenho em meu coração. Ajude-me a servir como servo(a) de Cristo, auxiliando quem precisa de um gesto ou uma palavra amiga, e confortando o coração daqueles que sofrem. Renove a minha fé a cada dia e não me deixe esmorecer perante minhas próprias dificuldades. Amém."

"Para uma pessoa, imaginar a si mesma sem liberdade é o mesmo que se imaginar alguém privado de vida."
(Guerra e Paz - Liev Tolstói)

DIA 14

"Espírito Santo, repleto de bênçãos, derrama em meu ser toda a Tua sagrada pureza. Abençoa o meu trabalho e a minha casa, e tranquiliza os meus pensamentos na certeza da confiança em Vós. Proteja-me, fortifica-me e encha o meu coração da Tua luz para que eu ame mais a cada dia a Tua graça."

"É estranho como a nossa cabeça pode saber o que o coração se recusa a aceitar."
(Morte Súbita - J. K. Rowling)

DIA 15

"Santa Tereza D'Ávila, padroeira dos professores, escute a minha prece. No dia em que é celebrada esta honrada profissão, peço que proteja e ilumine o caminho de nossos professores. Que eles possam transmitir seus ensinamentos em um ambiente de respeito, concentração e concórdia. Que exerçam o magistério com a égide dos justos e dos sábios. Santa Tereza D'Ávila, que seu exemplo seja bússola e espelho para quem se dedica à missão de ensinar. Amém."

"Faça coisas boas. Só não as faça para ser notado. Você pode ser muito bom para o seu próprio bem."
(Faça a Vida Valer a Pena - Max Lucado)

DIA 16

"Ó, Santa Edwiges, tu que tanto fizestes pelos pobres, pelos sem-lar, pelos doentes e desamparados, amparai-nos também, que tanto necessitamos de sua bondade. Ó, querida santa, devota infinita das palavras de Deus, olhai por nós em todos os momentos de nossa vida, fortalecendo-nos em todas as aflições. Socorrei-nos nas horas de desespero, mostrando-nos o caminho que leva ao Pai. Assim seja!"

"... não há felicidade igual a de ser amado pelos seus companheiros, e sentir que a sua presença é um conforto a mais para eles."
(Jane Eyre - Charlotte Brontë)

DIA 17

"Jesus, Filho de Deus, Tu que fostes o exemplo de perseverança e mesmo nos piores momentos de sofrimento continuou firme no propósito da salvação, ajuda a resgatar as almas que estão distantes de Ti, que precisam receber a Tua palavra e reconhecer o Teu amor. Mostra-nos Tua face e fortifica nossa determinação, para que nunca deixemos de crer plenamente. Com Vossa Santíssima Mãe, milagrosa e piedosa, aproxima-te dos que estão fracos na fé. Amém."

"Só uma coisa torna um sonho impossível: o medo de fracassar."
(O Alquimista - Paulo Coelho)

DIA 18

"O Senhor é o meu Pastor, nada me faltará. Deitar-me faz em verdes pastos, guia-me mansamente a águas tranquilas. Refrigera a minha alma; guia-me pelas veredas da justiça, por amor do Seu nome. Ainda que eu andasse pelo vale da sombra da morte, não temeria mal algum, porque Tu estás comigo; a Tua vara e o Teu cajado me consolam. Preparas uma mesa perante mim na presença dos meus inimigos, unges a minha cabeça com óleo, o meu cálice transborda. Certamente que a bondade e a misericórdia me seguirão todos os dias da minha vida; e habitarei na casa do Senhor por longos dias."

(Salmo 23)

"Pois quando a gente entende que não entende alguma coisa é que a gente está prestes a entender tudo..."
(O Dia do Curinga - Jostein Gaarder)

DIA 19

"Ó! Jesus Cristo, que nos momentos de aflição e tristeza, Tu olhes por mim e por todos aqueles que eu amo. Que Ampare minha família e meus amigos, e encha-nos de fé e pureza de coração para que aprendamos a ter paciência, compaixão e bondade. Orienta-nos, coloca luz em nossa alma, paz em nosso coração e responsabilidade celestial. Obrigado(a). Amém."

"Às vezes é preciso escolher uma direção e cometer erros. Assim, a gente usa o que aprendeu e escolhe caminhos melhores para cometer mais erros e continuar aprendendo."
(Todas as Coisas Belas - Matthew Quick)

DIA 20

"Meu Deus, sei que eu e meus irmãos erramos. Sei que a humanidade que se afasta de Ti não vive em paz. Mas venho pedir-te, Criador de todos nós, para que se compadeça de nossas vidas e nos abra os olhos para enxergar o verdadeiro caminho, que és Tu. E, assim, sejamos capazes de alcançar a paz e o amor que propagas. Cuide de nós, meu Deus."

"Engraçado como as pessoas passam por este mundo deixando pedacinhos de sua história para que as pessoas que conhecem carregarem."
(Dias de Despedida - Jeff Zentner)

DIA 21

"Nossa Senhora Rainha da Paz, Maria santíssima, Mãe misericordiosa, ajuda-me a ter coragem para promover eu mesmo as maravilhas que preciso operar dentro de mim. Não deixes que eu espere que o peixe venha as minhas mãos e, sim, que eu vá pescar e se possível mais ainda: que ajude e ensine meu semelhante a pescar. Deus dotou-me de todas as capacidades possíveis para conseguir o que eu preciso. Tenho todas as ferramentas. Vou, a partir de agora, mover, eu mesmo, a palha para que os milagres divinos ocorram, com a sua poderosa ajuda. Conte comigo, como eu conto contigo, e espero que Deus promova maravilhas em mim. Assim seja."

"É um divertimento para o ímpio praticar o mal; e para o sensato, ser sábio."
(Provérbios 10:23)

DIA 22

"Maria, mãe de Jesus, devotada Mãe Santíssima, tenha piedade de nós e intervenha nas injustiças do mundo. Que a Senhora olhe pela nossa nação, alivie nossos corações e espalhe a claridade misericordiosa de seu espírito entre os homens. Amém."

"... na maioria das vezes, todo mundo merece mais de uma chance. Todos nós fazemos coisas de que nos arrependemos de vez em quando."
(Pequenos Incêndios por Toda Parte - Celeste Ng)

DIA 23

"Celebrai com júbilo ao Senhor, todas as terras. Servi ao Senhor com alegria; e entrai diante dele com canto. Sabei que o Senhor é Deus; foi Ele que nos fez, e não nós a nós mesmos; somos povo Seu e ovelhas do Seu pasto. Entrai pelas portas dele com gratidão, e em seus átrios com louvor; louvai-o, e bendizei o seu nome. Porque o Senhor é bom, e eterna a Sua misericórdia; e a Sua verdade dura de geração em geração."

(Salmo 100)

"É preciso muita audácia para enfrentarmos os nossos inimigos, mas igual audácia para defendermos os nossos amigos."
(Harry Potter e a Pedra Filosofal - J. K. Rowling)

DIA 24

"Deus, meu amado Pai, rezo de todo o meu coração por aqueles que não creem no Senhor, por aqueles que não tiveram ou não quiseram ter a oportunidade de conhecer os Teus ensinamentos. Que eles se sintam amados, com a alma abraçada e que possam ver as belezas que Maria, em sua eterna pureza, trouxe ao mundo por meio de seu filho Jesus Cristo. Que eles conheçam o quanto Jesus sofreu por nós, morrendo em uma cruz pelos nossos pecados. Que eles se sintam acolhidos e venham conhecer a palavra do Senhor, a Sua bondade, a Sua fé e o Seu amor. Olhe por eles, meu Pai. Amém."

"Se você ultrapassa um limite e nada acontece, o limite perde o sentido."
(Antes Que Eu Vá - Lauren Oliver)

DIA 25

"Eu te louvarei, Senhor, com todo o meu coração; contarei todas as Tuas maravilhas. Em Ti me alegrarei e saltarei de prazer; cantarei louvores ao Teu nome, ó Altíssimo. Porquanto os meus inimigos retornaram, caíram e pereceram diante da Tua face. Pois Tu tens sustentado o meu direito e a minha causa; Tu te assentaste no tribunal, julgando justamente."

(Salmo 9:1-4)

"Não torne as coisas piores, pensando que dói mais do que você realmente está sentindo."
(O Menino do Pijama Listrado – John Boyne)

DIA 26

"Confio em Ti e sei que o Senhor não me faltará, Jesus Salvador. Peço de todo o meu coração que sejas minha cura e que eu não tema mal algum, pois Tu és o meu Deus. Não deixe que eu me afaste de Ti, meu Jesus, e que eu entenda sempre as Tuas vontades com serenidade, pois Teu poder agirá sobre mim, Senhor de restauração."

"É nas experiências, nas lembranças, na grande e triunfante alegria de viver na mais ampla plenitude que o verdadeiro sentido é encontrado. Meu Deus, como é bom estar vivo! Obrigado. Obrigado."

(Na Natureza Selvagem - Jon Krakauer)

DIA 27

"Protege os doentes e os idosos, Senhor, pois estão em dificuldade de lutar por si. Tanto enfrentaram já, pela vida e durante a vida, e agora precisam da Tua graça, meu Deus, para que não lhes haja sofrimento. Faça Tua vontade e conduza-os quando for preciso. Confio em Ti, Altíssimo, pois Tu não falhas em Tua obra. Em nome do Pai, do Filho e do Espírito Santo. Amém."

"Já que não podemos viver todo tipo de coisa, o importante então é viver o essencial e cada um de nós tem o seu 'essencial'".

(E Se Fosse Verdade - Marc Levy)

DIA 28

"São Judas Tadeu, apóstolo chamado de irmão de Cristo, que viveu no esquecimento por carregar consigo o nome do traidor de Jesus Cristo, tende piedade de nós. Querido servo, que sempre foi fiel à igreja, meu maior prazer é seguir seus ensinamentos, ser crente completo no amor de Jesus, para auxiliar, por meio de orações e da Bíblia Sagrada, as pessoas que estão desesperadas, precisando de uma ajuda urgente. Fortaleça-me em sua plenitude, a fim de utilizar todos os meus dons cristãos, já que estou disposto a socorrer aqueles que de mim precisarem. São Judas Tadeu, rogai por nós!"

———————————✿———————————

"As palavras ficam diferentes quando passam a morar dentro de você."
(Aristóteles e Dante Descobrem o Segredo do Universo - Benjamin Alire Sáenz)

———————————✿———————————

DIA 29

"Anjo da guarda, meu amigo e companheiro, esteja sempre olhando por mim, acompanhando meus passos e me defendendo do que não agrada o Senhor. Que teu poder vindo dos Céus recaia por todo o meu ser e me traga as bênçãos que Deus derramou sobre ti."

———————————✿———————————

"Não existe criatura viva que não sinta medo quando se vê diante do perigo. A verdadeira coragem consiste em enfrentar o perigo mesmo com medo..."
(O Mágico de Oz - L. Frank Baum)
———————————✿———————————

DIA 30

"Meu Pai, ilumina-me para que eu não erre mais em minha vida. Ensina-me a ter compaixão e empatia por meus irmãos e irmãs, e a deixar que o Senhor entre em meu coração, me guiando por toda a jornada terrena. A partir de agora, coloco-me em tuas mãos. Dá-me Sua caridade e rogai por mim, ó Senhor! Amém."

"As histórias devem ser contadas, senão morrem; e, quando morrem, não nos lembramos quem somos nem por que estamos aqui."
(A Vida Secreta das Abelhas - Sue Monk Kidd)

DIA 31

"Aquele que quer vingar sofrerá a vingança do Senhor, que guardará cuidadosamente os seus pecados. Perdoa ao teu próximo o mal que te fez, e teus pecados serão perdoados quando o pedires. Um homem guarda rancor contra outro homem, e pede a Deus a sua cura! Não tem misericórdia para com o seu semelhante, e roga o perdão dos seus pecados! Ele, que é apenas carne, guarda rancor, e pede a Deus que lhe seja propício! Quem, então, lhe conseguirá o perdão de seus pecados? Lembra-te do teu fim, e põe termo às tuas inimizades, pois a decadência e a morte são uma ameaça para aqueles que transgridem os mandamentos. Lembra-te do temor a Deus, e não fiques irado contra o próximo. Lembra-te da aliança com o Altíssimo, e passa por cima do erro que o teu próximo cometeu inadvertidamente."

(Eclesiástico 28:1-9)

"O sucesso depende 90% da sua forma de pensar."
(A Mágica da Arrumação - Marie Kondo)

NOVEMBRO

DIA 1

"Em nome de todos os santos, no mês em que todos eles são reverenciados, eu peço, humildemente e do fundo do meu coração, que Te lembres de mim, pobre servo(a) e pecador(a) como sou, Senhor. Preciso de Ti. Preciso sentir a presença do Seu forte amor em todas as ocasiões. Peço a Vossa bênção, meu Deus, para este mês que se inicia, que ele seja de harmonia, de entendimento entre as famílias, que entre seus fiéis reine a compreensão e que haja em cada coração, o amor e a disposição para o perdão."

"...e uma mente necessita de livros da mesma forma que uma espada necessita de uma pedra de amolar para se manter afiada..."
(A Guerra dos Tronos - George R. R. Martin)

DIA 2

"No dia em que voltamos coração e mente para nossos amados que já se foram, pedimos a Nossa Senhora da Boa Morte que acompanhe os enfermos desenganados e os conduza à vida eterna. E que segure nossas mãos para que possamos suportar a tristeza da partida, aceitando os desígnios de Deus com humildade, resignação e esperança no reencontro. Nossa Senhora da Boa Morte, proteja-nos com seu manto sagrado. Amém."

"O segredo do sucesso não é tentar evitar os problemas nem se esquivar ou se livrar deles, mas crescer pessoalmente para se tornar maior do que qualquer adversidade."

(Os Segredos da Mente Milionária - T. Harv Eker)

DIA 3

"Meu Deus, olha pelos enfermos que estão fracos e precisam da força do teu amor como alimento. Permita que o sofrimento do meu semelhante seja suprimido. Em nome de Teu Filho, Jesus Cristo, que curou os que acreditaram no Teu divino poder, atende nossos pedidos de fé e concede milagres a nós, Teus servos. Cura a mente e o corpo de quem está doente, e devolve-lhes a saúde para que possam louvar Teu nome e Tua graça para todo o sempre. Amém."

> **"Humanamente falando, a única coisa que nos separa de nossos objetivos é a nossa capacidade de agir."**
> (O Poder da Ação - Paulo Vieira)

DIA 4

"Creio em Deus Pai, Todo-Poderoso, Criador do Céu e da Terra. E em Jesus Cristo, seu único Filho, Nosso Senhor, que foi concebido pelo poder do Espírito Santo; nasceu da Virgem Maria, padeceu sob Pôncio Pilatos; foi crucificado, morto e sepultado; desceu à mansão dos mortos; ressuscitou ao terceiro dia, subiu aos céus, está sentado à direita de Deus Pai, Todo-Poderoso, donde há de vir a julgar os vivos e os mortos. Creio no Espírito Santo, na Santa Igreja Católica, na comunhão dos Santos, na remissão dos pecados, na ressurreição da carne e na vida eterna. Amém."

> **"As coisas ruins que nos acontecem não têm de roubar nossa paz ou alegria."**
> (Fique Forte - Nick Vujicic)

DIA 5

"Senhor, sei que às vezes não sou digno(a) do Seu supremo amor. Sei que às vezes eu desconfio do Seu poder. Senhor, eu sei que preciso ter mais confiança em Ti e em mim. Senhor, eu sei que as coisas acontecem na hora certa, exatamente, quando devem acontecer! Por isso, nos momentos felizes, louvo a Ti, meu Deus. Nos momentos difíceis, busco a Ti, meu Deus. Nos momentos silenciosos, adoro a Ti, meu Deus. Em cada momento, agradeço a Ti, meu Deus. Louvo e agradeço, Senhor, para que eu possa nos momentos dolorosos invocá-lo e dizer: 'eu confio em Ti, meu Deus!'. Abençoa, Senhor, esta minha prece. Abençoa, Senhor, este pobre ser humano. Porque já não há dúvidas em meu coração. Eu confio em Ti, meu Deus! O Senhor sabe o melhor caminho para mim. Assim seja."

**"Recebei a instrução e não o dinheiro.
Preferi a ciência ao fino ouro, pois a
Sabedoria vale mais que as pérolas e
joia alguma a pode igualar."**
(Provérbios 8:10-11)

DIA 6

"Meu piedoso anjo da guarda, tu estiveste ao meu lado desde o primeiro momento de minha vida e me levará aos Céus quando for a vontade do Senhor. Te agradeço de todo o meu coração, meu anjo amado, por ser o meu zeloso guardador. Sei que tu já fez muito por mim e sinto uma enorme gratidão pelo que me concedestes."

"Na vida, você controla o que pode."
(Minha História - Michelle Obama)

DIA 7

"Senhor, tenho clamado a Ti todo o dia, tenho estendido para Ti as minhas mãos. Mostrarás, Tu, maravilhas aos mortos, ou os mortos se levantarão e te louvarão? (Selá). Será anunciada a Tua benignidade na sepultura, ou a Tua fidelidade na perdição? Saber-se-ão as Tuas maravilhas nas trevas, e a Tua justiça na terra do esquecimento? Eu, porém, Senhor, tenho clamado a Ti, e de madrugada te esperará a minha oração."

(Salmo 88:9-13)

"Ser honesto não significa falar o que quer na hora que quer. Só significa que o que você escolhe falar será verdade."
(Convergente - Veronica Roth)

DIA 8

"São Gabriel Arcanjo, tu que fostes o escolhido para avisar à Virgem Maria sobre o Salvador que viria à Terra do ventre da Santíssima Mãe, interceda por nós. Interceda junto ao Pai para que gozemos da tua preciosa proteção celestial, pois tu és o arcanjo da anunciação e o teu poder na legião dos céus é admirável. Ajude-nos, em nome do Pai, do Filho e do Espírito Santo. Amém."

"O Senhor sempre usa de benevolência para conosco e temos de retribuir seu gesto magnânimo compartilhando-a com nossos irmãos. Essa é uma conquista diária."
(10 Respostas que Vão Mudar Sua Vida - Padre Reginaldo Manzotti)

DIA 9

"Jesus Cristo, filho de Deus, peço de todo o meu coração que ajude aqueles que vivem angustiados por não conhecerem as palavras de Deus, por meio da Bíblia. Abra o coração de todos eles para que se enobreçam em sua pureza e enriqueçam seus conhecimentos, a fim de sobreviverem às adversidades do dia a dia e do que ainda está por vir. Obrigado(a), meu Jesus. Amém."

"Lembrar que você vai morrer é a melhor maneira que eu conheço de evitar a armadilha de pensar que você tem algo a perder. Você já está nu. Não há razão para não seguir seu coração."
(Steve Jobs)

DIA 10

"Repreenda, Senhor, severamente meus pecados. Estou diante de Ti, arrependido, quero a Tua poderosa ação sobre mim, quero e me entrego a Ti, Senhor. Aceita meu arrependimento. Aceita minhas desculpas. Vê como meu coração está pequeno. Age com o poder do senhor Jesus. Tudo o que eu quero é Tua poderosa ação sobre mim. Limpa minha alma de minhas maldades. Limpa minha cabeça dos maus pensamentos. Estou arrependido(a), Senhor. Aceita meu coração que chora. Tudo o que eu quero é Tua poderosa ação sobre mim. Perdoa-me, Senhor. Eu confesso minhas fraquezas. Estou pronto(a) para recomeçar. Obrigado(a), Senhor! Amém."

"Porque, se perdoardes aos homens as suas ofensas, vosso Pai celeste também vos perdoará.
(Mateus 6:14)

DIA 11

"Que os raios do alvorecer sejam o sinal da esperança. Que esta oração seja o início de um ciclo mágico. Bendizei ao Senhor no amor. Bendizei ao Senhor na paixão. Estou aqui para ser amado(a). Estou aqui para amar. Estou aqui para Te olhar nos olhos e me apaixonar. Estou diante de Ti para me render ao Seu amor e agradecer a oportunidade de viver mais um dia. Amém."

"Você se lembra do seu primeiro amor porque os primeiros amores mostram – provam – que você pode amar e ser amada, que nada nesse mundo é merecido exceto o amor, que o amor é ao mesmo tempo como e por que você se torna uma pessoa."
(Tartarugas Até Lá Embaixo - John Green)

DIA 12

"Louvado seja, Senhor nosso. Os anjos e arcanjos Vos bendizem. Legiões de anjos e arcanjos exultam nos céus. Anjos, arcanjos e querubins vivem felizes por estarem nos céus para Te servir, e atuar em Vosso nome e promover a paz. Continue, Senhor, fazendo com que eles possam cada vez mais nos guardar, zelar e brilhar em nossas vidas. Iluminando-nos e protegendo-nos hoje e para todo o sempre, pelos séculos, dias e todos os momentos. Assim seja."

"É fácil ignorar a chuva quando estamos de capa."
(A Sangue Frio - Truman Capote)

DIA 13

"Peço ao Anjo Gabriel, o anunciador do maior milagre à Maria, Senhora do céu, que inspire no meu coração as virtudes cristãs: caridade, fé e esperança. E que essas virtudes carreguem nos seus atos a expressão da gentileza, a mais delicada das manifestações humanas. Anjo Gabriel, empreste a mim a amabilidade dos seus atos, a nobreza dos seus gestos, a magnanimidade das suas intenções. Amém."

"As pessoas dizem que encontram o amor, como se o amor fosse um objeto escondido atrás de uma pedra. Mas o amor assume muitas formas, e nunca é o mesmo para cada homem e cada mulher."

(As Cinco Pessoas que Você Encontra no Céu - Mitch Albom)

DIA 14

"Ó, Deus, Pai de misericórdia, generoso e bondoso, hoje Vos peço a bênção para minha família. Ó, Deus, Pai de misericórdia, generoso e bondoso, que deste a esta terra uma família perfeita, eternizada nos pais Maria e José, e seu Filho amado, nosso senhor Jesus Cristo. A Vós, Senhor, hoje vos peço a bênção para toda a minha família. Senhor, louva a todos aqueles que me são queridos. Senhor, protege todos aqueles a quem amo. Senhor, dê-me a saúde, a paz e a força. Para todos os membros desta Tua família de pecadores que quer, cada dia, hoje e sempre, a remissão dos pecados e viver na justiça, em honra do Seu santo nome. Amém."

"Para o homem íntegro o Senhor é uma fortaleza, mas é a ruína dos que fazem o mal."
(Provérbios 10:29)

DIA 15

"Cria em mim, ó Deus, um coração puro, e renova em mim um espírito reto. Não me lances fora da Tua presença, e não retires de mim o Teu Espírito Santo. Torna a dar-me a alegria da Tua salvação, e sustém-me com um espírito voluntário. Então ensinarei aos transgressores os Teus caminhos, e os pecadores a Ti se converterão."

(Salmo 51:10-13)

"Mais vale o desconforto da verdade que a comodidade da mentira."
(Tempo de Esperas - Padre Fábio de Melo)

DIA 16

"Que eu alimente elos fraternos com amigos tementes a Deus. Que eu possa atrair boas amizades e persistir no caminho da misericórdia, da integridade e da bondade. Que eu não me cale diante das injustiças que ver em minha jornada. Que eu tenha pureza no coração e siga apenas pela estrada da retidão. Que eu nunca perca a minha fé. Que eu não esmoreça diante das dificuldades e que possa ser forte para sustentar também aqueles que precisam da minha ajuda. Que eu seja um(a) servo(a) exemplar e que tenha sempre a proteção do Senhor. Amém."

"A felicidade é um estado de espírito, uma leveza de coração que nos plenifica, imprime autoestima e nos mergulha no inefável oceano da amorosidade."

(Oito Vias para Ser Feliz - Frei Betto)

DIA 17

"Nossa Senhora, mãe de bondade, te pedimos que cuide dos nossos caminhos e sempre interceda por nós perante a Deus. Sabemos que seus braços de Mãe do Amor só sabem acolher, e que tu personifica a grandeza da maternidade, que cuida, consola e confia; que ampara, aceita e sustenta; que amolda, acarinha e suporta. Por isso te pedimos, ó Mãe, que olhe por nós. Que passe na frente em todas as situações e deixe nossos problemas e provações para trás. Amém."

"É a vontade de acreditar que a vida é um milagre que permite que os milagres aconteçam..."

(O Diário de um Mago - Paulo Coelho)

DIA 18

"Meu anjo protetor, afaste de mim os sonhos ruins. Dai-me paz e serenidade durante à noite, no meu momento de descanso, e permita que eu possa desfrutar de um sono tranquilo. Que eu não tenha pesadelos que me façam mal, e que o Senhor, meu anjo protetor, cuide de mim e vele pelo meu sono. Amém."

"Todo dia é um recomeço. Todo dia eu renasço. Todo dia eu me levanto. Todo dia eu não desisto. Todo dia eu vivo como se não tivesse todos os dias."
(Sorrisos Quebrados - Sofia Silva)

DIA 20

" Jesus Cristo, vinde até mim neste dia e abençoa meus sonhos. Dá-me, até mesmo neles, a graça de sempre Te agradecer por este dia maravilhoso que tive. Pela grande bênção de ter vida e poder caminhar pelas próprias pernas. Perdoa Jesus aqueles que esquecem de Te agradecer nas orações. Perdoa aqueles que esquecem até mesmo de rezar. Ilumina o caminho daqueles que esquecem de Ti nas sombras do dia. Ampara os que tanto têm para comer e, no entanto, esquecem de repartir e deixam sobras na mesa farta. Ilumina a mente dos que gostam de ostentação e esquecem os que tão pouco têm. Perdoa os que fazem da soberba, da vaidade, o pão de cada dia. E repreende-me se eu faço isso. Agradeço mais uma vez, agradeço meu Jesus, por este dia. Amém."

"Sua atitude em relação a tudo, da vida à morte, é que o define como essa experiência será para você e para aqueles ao seu redor."
(Vacas - Dawn O'Porter)

DIA 20

"No Dia Nacional da Consciência Negra, eu rogo a Deus para que o racismo não encontre voz na nossa comunidade. Suplico a Deus que um novo tempo, de solidariedade e tolerância, substitua a hostilidade e o desamor. Na condição de ser humano, imploro a Deus que nos conceda a consciência de que somos todos irmãos na fé e na benevolência. Amém."

"Você tem liberdade de ser você mesmo, de ser o seu próprio eu, aqui e agora, e não há nada que possa interpor-se no seu caminho."
(Fernão Capelo Gaivota - Richard Bach)

DIA 21

"Caríssimos, amemo-nos uns aos outros, porque o amor vem de Deus, e todo o que ama é nascido de Deus e conhece a Deus. Aquele que não ama não conhece a Deus, porque Deus é amor. Nisto se manifestou o amor de Deus para conosco: em nos ter enviado ao mundo o seu Filho único, para que vivamos por ele. Nisto consiste o amor: não em termos nós amado a Deus, mas em ter-nos Ele amado, e enviado o seu Filho para expiar os nosso pecados."

(1 João 4: 7-10)

"A tristeza é passageira. As nuvens escuras podem cobrir nosso céu particular por um tempo, mas, quando menos esperamos, o sol volta a brilhar."
(Philia - Padre Marcelo Rossi)

DIA 22

"Senhor, ó Deus, dai-me forças para eu jamais desistir da jornada, por maiores que sejam os enganos e as adversidades que estejam reservados a mim. Que eu seja uma fortaleza que a tudo suporta, pois meu espírito estará sempre renovado e protegido pelo Senhor, meu Pai. Que eu não esmoreça, não me desespere e não duvide nunca dos propósitos que o Senhor tem para minha vida. Amém."

"Precisamos sair, assim, de nossa zona de conforto, aquela tão procurada, em que nada se movimenta, nada cresce, nada muda, mas que também não há dor nem feridas. O preço é alto se permanecermos ali. Bravos e corajosos são aqueles que fizeram de sua vida uma história a ser compartilhada."

(Morada das Lembranças - Daniella Bauer)

DIA 23

"Jesus Cristo, que morreste por nós na cruz, eu peço que tenha piedade de todas as pessoas que padecem de alguma doença. Dá-lhes conforto e paciência para vencerem essa batalha. Que junto de Deus Pai, você possa trazer a cura para esses doentes, os fortalecendo e impedindo que seu sofrimento seja maior do que podem suportar. Amém."

"Não pratiques o mal, e o mal não te iludirá. Afasta-te da injustiça, e a injustiça se afastará de ti."

(Eclesiástico 7:1-2)

DIA 24

"Pai amado, Deus Todo-Poderoso, nada me faria mais feliz do que ter um coração puro e sincero para poder ajudar aos meus irmãos necessitados. Peço que o Senhor me ajude para que a renovação cristã seja uma constante em minha vida e que eu não me desvirtue dos caminhos escolhidos por Ti, Senhor. Que meu coração seja pleno de bondade, amor, sabedoria e compaixão. Amém."

"Heróis nem sempre são os que vencem. Algumas vezes, são os que perdem. Mas eles continuam lutando, continuam voltando. Não desistem. É isso que faz deles heróis."
(Cidade do Fogo Celestial - Cassandra Clare)

DIA 25

"Jesus, cuide da minha família. Que o sagrado coração seja o medicamento preciso para curar as nossas feridas. Que possamos ser tocados pela Sua misericórdia; que possamos ser presenteados pelas Suas bênçãos. Assim seja."

"Clareza vem em primeiro lugar. Tudo na vida começa com um sonho. Mas primeiro o sonho precisa ser claramente definido e, o mais importante, você precisa entender por que quer aquilo."
(Aprendizados - Gisele Bündchen)

DIA 26

"Jesus Cristo, através da mansidão do Seu amor, sinceramente Te peço: afastai-me de todo o mal. Cerra meus ouvidos a toda calúnia. Fecha minha alma para toda maldade. Guarde minha língua das palavras vãs. Que só de bênçãos se encha meu espírito. Poupe minha mente de pensamentos insanos. Acolha no meu coração só sentimentos bons. Fecha meu corpo contra toda a inveja, hoje e em todos os dias da minha vida. Amém!"

"Se você acredita que vai conseguir, sempre há uma chance de conseguir. Mas se acha que vai fracassar, vai fracassar sempre. Nunca se permita perder antes de começar."
(Império das Tormentas - Jon Skovron)

DIA 27

"Feliz o homem que suporta a tentação. Porque, depois de sofrer a provação, receberá a coroa da vida que Deus prometeu aos que o amam. Ninguém, quando for tentado, diga: 'É Deus quem me tenta'. Deus é inacessível ao mal e não tenta a ninguém. Cada um é tentado pela sua própria concupiscência, que o atrai e alicia. A concupiscência, depois de conceber, dá à luz o pecado; e o pecado, uma vez consumado, gera a morte. Não vos iludais, pois, irmãos meus muito amados."

(Tiago 1:12-16)

"...algumas amizades resistem a qualquer distância, separação ou negligência."
(Uma Curva no Tempo - Dani Atkins)

DIA 28

"Deus, reserve minha mente sadia para que eu tenha somente bons pensamentos. Deus, fortaleça-me de Sua infinita bondade para que meu caminho seja leve. Deu, ilumina-me com Tua luz para que eu siga sempre no caminho da retidão. Deus, eu Te peço, guia meus passos para que apenas pessoas boas apareçam para caminhar ao meu lado nessa jornada. Amém."

"O medo é a única arma que o mundo tem para nos deter; sem isso ele estaria de portas abertas para as mudanças."
(Escola de Magia: Brigada dos Amaldiçoados - Albert Vaz e Vanessa Godoy)

DIA 29

"O Senhor Jesus é o alvorecer que dissipa a tormenta; é o bálsamo que cessa o pranto; é a chama que renova a esperança; é a bússola que aponta o caminho; é o poder que apavora o inimigo; é o amor que aquece o coração dos Seus filhos. O Senhor Jesus é o mesmo ontem, hoje e amanhã. Amém."

"Existem poucas, bem poucas coisas pelas quais vale a pena viver e morrer. O amor é uma delas."
(Corações de Neve - Raphael Draccon)

DIA 30

"Elevo os meus olhos para os céus e contemplo o nascer de mais um dia. No silêncio desta manhã, que este novo dia seja mais um em que vou louvar à Sua existência, meu Deus. Que eu jamais duvide de Sua capacidade. Que eu só Te bendiga. Que meus atos sejam dignos de Sua bondade. Que minhas palavras sejam o exemplo de Seu infinito amor. Que só de bênçãos se encha meu espírito e minha vida. Que só de alegrias se encha meu coração. E que no decorrer de mais este dia eu possa Te declarar a todos. Mostra, Senhor, a sua bondosa face para todos, através de mim. Amém."

"Aos pais cabe dar conselhos e indicar caminhos, mas a formação final do caráter de uma pessoa está em suas próprias mãos."
(O Diário de Anne Frank - Anne Frank)

DEZEMBRO

DIA 1

"Neste mês de dezembro vamos dar graças a todos os santos e anjos, e, principalmente, ao filho unigênito de Deus, nosso senhor Jesus Cristo, pelo mês de seu nascimento. E, humildemente pedimos a Vossa bênção, amado Deus, por todos os pecados cometidos por nós. Estamos no último mês do ano. Urge que eu Vos agradeça por mais um ano vitorioso, por mais um ano de vida que consegui atravessar, graças e única exclusivamente à Sua misericórdia. Por isso, agradeço imensamente, Senhor. Só Vós sois a presença comandante e suprema do meu ser. Obrigado(a) Senhor, muito obrigado(a)."

"O segredo da abundância é a gente parar de concentrar-se naquilo que falta, e deslocar a consciência para a apreciação de tudo o que somos — que é tudo o que se tem de fato."
(Pensamentos de Sabedoria - Wayne W. Dyer)

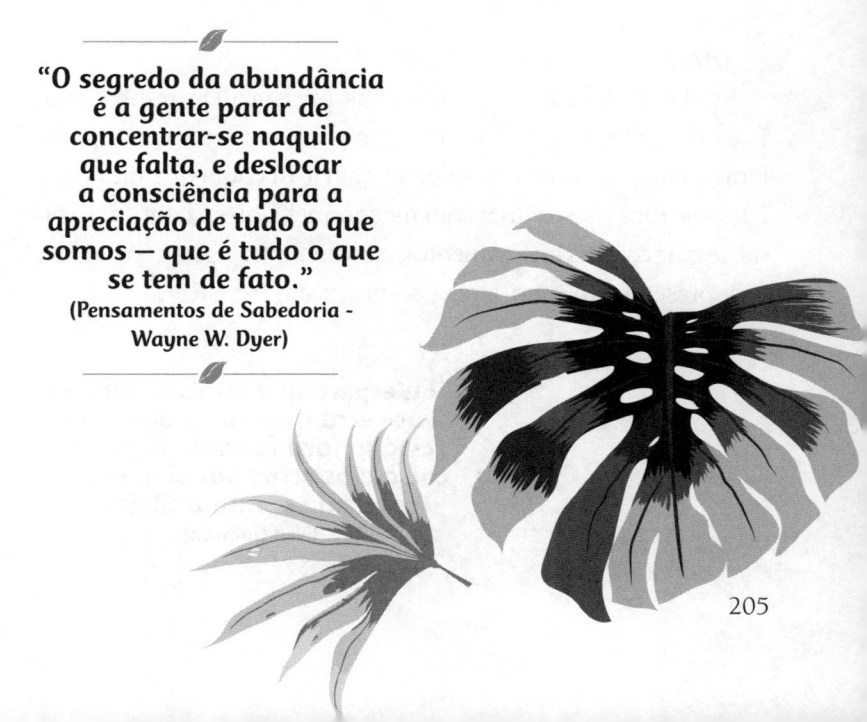

DIA 2

"Por Teu Sagrado Coração, machucado na cruz por nós, agradecemos a Ti, Senhor Jesus. Que Tuas chagas me façam enxergar o caminho, a verdade e a vida, e eu possa lhe agradecer por me libertar do que não é bom. Ajoelho-me diante de Vós para que me contemple com as Tuas graças. Por Teu Sagrado Coração, machucado na cruz por nós. Amém."

"... a internet dá uma voz alta demais a algumas pessoas, enquanto silencia outras, mas só ouvimos as que gritam. Temos que fazer perguntas, se quisermos ouvir as que estão em silêncio."
(Mais do que Palavras Podem Dizer - Brigid Kemmerer)

DIA 3

"Ó Deus, faça-me viver com Sua presença em minha vida. Faça-me saber que se Tu estás comigo, não há o que eu possa temer. Faça-me amar e me alegrar com a Tua obra que me cerca. Faça-me uma pessoa justa com meus semelhantes e com Tu. Faça-me seguir os Teus ensinamentos para encontrá-lo na eternidade. Seja presente em mim, pois isso me basta, Pai."

"Eu espero que vocês errem. Se você erra quer dizer que você está lá fora fazendo alguma coisa e os erros por si mesmos podem ser muito úteis."
(Neil Gaiman)

DIA 4

"Jesus, olhai por mim e por minha plena saúde. Sei que Tua graça é infinita e Tu és capaz de qualquer milagre. Em nome de Teu Sagrado Coração, inundado de amor, opera em meu corpo, em minha mente e em minha alma, para que eu possa gozar por completo da dádiva da vida com o Teu divino amparo. Amém."

"A expectativa dos justos causa alegria; a esperança dos ímpios, porém, perecerá."
(Provérbios 10:28)

DIA 5

"Meu Sagrado Coração de Jesus, que eu seja instrumento da Sua obra. Que eu possa me dedicar aos meus irmãos com a mesma alegria com que se dirigia ao Seu povo ao anunciar a boa-nova. Com fé e confiança, espero que acenda no meu peito a disposição de auxiliar os necessitados e de dignificar a vida, o maior presente de Deus Todo-Poderoso. Meu Sagrado Coração de Jesus, encaminhe meus passos e faça da minha atividade voluntária uma semente do Seu Evangelho. Amém."

"Meu caminho, pensei confuso, meu caminho não cabe nos trilhos de um bonde."
(Morangos Mofados - Caio Fernando Abreu)

DIA 6

"Senhor, fortaleça minha fé em Vós. Que minha crença na Tua graça seja cada dia maior e que isso me traga alegria. Deus Pai, permita-me humildemente glorificar o Teu Sagrado Coração. Me dê a força necessária para que eu possa levar Teu nome a todos os que precisam, e para que, assim também, eles possam testemunhar o Teu Santo Espírito. Eu confio em vós, meu Deus, e sei que só Tu és capaz de nos libertar. Amém."

"Toda pessoa deveria ser aplaudida de pé pelo menos uma vez na vida, porque todos nós vencemos o mundo."
(Extraordinário - R. J. Palacio)

DIA 7

"Deus do universo, que eu seja capaz de me doar e que o Senhor, meu Pai, olhe por mim em cada passo de minha caminhada. Livra-me das tentações das trevas para alcançar a promessa da Tua Palavra. Que Teu corpo e Teu sangue me encham do Teu amor, e que as minhas preces a Vós sejam verdadeiramente benditas por teu Espírito Santo. Permita-me amar-te cada vez mais para que eu consiga me aproximar da Tua graça. Por nosso Deus Pai. Amém."

"Todo mundo erra. O que determina o caráter de uma pessoa não são os erros cometidos. É como ela usa esses erros e os transforma em aprendizados, não em desculpas."
(É Assim que Acaba - Colleen Hoover)

DIA 8

"Deus Todo-Poderoso, misericordioso e bondoso. Senhor de toda força e bondade. Deus amoroso e reconfortador, dê-me força. Deus Todo-Poderoso, misericordioso e bondoso. Dá-me hoje, amanhã e sempre, o Seu poder. Deus Todo-Poderoso, misericordioso e bondoso. Senhor de toda força e amor. Dá-me segurança e certeza de que caminhas comigo. Deus Todo-Poderoso, misericordioso e bondoso. Senhor de todas as coisas. Peço-te ajuda para o dia de hoje. Deus Todo-Poderoso, misericordioso e bondoso. Senhor de todas as plantas, preciso de Tua assistência. Deus Todo-Poderoso, misericordioso e bondoso. Senhor de todos os trabalhos. Deus amoroso e reconfortador. Preciso de Teu perdão. Deus Todo-Poderoso, misericordioso e bondoso. Senhor de todos os animais, preciso da Sua Luz para que meu espírito não mais se turve. Deus Todo-Poderoso, misericordioso e bondoso. Senhor de todos os ventos. Solta Teu sopro sobre meu espírito abatido. Dê-me o conforto de que preciso. Deus Todo-Poderoso, misericordioso e bondoso. Dá-me hoje a certeza de que estás sempre comigo. Tira de mim a dúvida que me perturba. Ilumina meu ânimo com a luz que iluminastes o caminho de todos os santos, e dê-me, acima de tudo, o poder para honrar o nome do Seu santo filho, Jesus. Amém."

"... você não deve ter medo de mudanças, porque elas nos lembram de que estamos vivos e de que algo está acontecendo conosco."
(Tash e Tolstói - Kathryn Ormsbee)

DIA 9

"Pai nosso que estais no céu, santificado seja o Vosso nome, venha a nós o Vosso reino, seja feita a Vossa vontade, assim na terra como no céu. O pão nosso de cada dia nos dai hoje: perdoai-nos as nossas ofensas, assim como nós perdoamos a quem nos tem ofendido, e não nos deixeis cair em tentação, mas livrai-nos do mal. Amém!"

"Disse-lhe Jesus: 'Se podes alguma coisa!... Tudo é possível ao que crê.'"
(Marcos 9:23)

DIA 10

"Ó Maria Imaculada, assim como tu orou aos pés de teu Filho, Jesus Cristo crucificado, peça a Deus também por teus filhos que sofrem hoje. Interceda junto a Deus pelas almas que estão partindo da vida terrestre, para que possam encontrar o Pai na eternidade. Permita que o último suspiro esvaído seja na tua paz, Virgem Maria, e que eles possam encontrar o caminho de luz. Amém."

"Tão importante quanto entender o amor Divino é entender o tempo de Deus. Só assim conseguiremos controlar nossas ansiedades e cultivar nossa paciência."
(Kairós - Padre Marcelo Rossi)

DIA 11

"Santo Espírito de luz, orienta-me a conhecer Teus milagres e Tua obra. Guia-me em Tua vontade e permita-me seguir os passos do Senhor Jesus Cristo, em busca de Teu amor e glória eternos. Dê-me saúde para conduzir minha vida, cuidando para que nunca me falte a alegria em lhe servir, e a fé para que eu nunca deixe de acreditar e receber Tuas bênçãos. Por nosso Senhor Jesus Cristo. Amém."

"A coragem é indispensável ao desenvolvimento das outras qualidades nobres. Como se poderia buscar a verdade ou apreciar o amor sem coragem?"

(Princípios de Vida: Mahatma Gandhi - Organização de Henri Stern)

DIA 12

"Deus dos Céus e da Terra, louvo Teu nome por todo o sempre e coloco-me em profunda gratidão pela proteção que o Senhor me concede com seus celestiais arcanjos. Que a luz desses seres e a Tua luz, meu Pai, sejam a certeza de que seguirei pelo caminho certo, longe das trevas. Cubra-me da Tua glória e proteja-me de todo o mal, meu Senhor."

"Quando as coisas se quebram, não é o ato de quebrar em si que impede que elas se refaçam. É porque um pedacinho se perde — as duas bordas que restam não se encaixam, mesmo que queiram. A forma inteira mudou."

(Will & Will: Um Nome, Um Destino - John Green e David Levithan)

DIA 13

"Tu que és tudo em minha vida, meu Deus, olhe com Tua pura misericórdia para esse(a) servo(a) que tanto precisa do Teu milagre. Que eu possa ainda me redimir de todas as vezes em que errei e que o Senhor me perdoe por todas as minhas falhas, pois me arrependo de todo o meu coração. Peço, em humildade, que o Teu Santo Espírito me cubra de bênçãos. Pai, olha por mim. Amém."

"... por mais assustadora e dolorosa que a realidade possa ser, é também o único lugar onde se pode encontrar felicidade de verdade. Porque a realidade é real."

(Jogador nº1 - Ernest Cline)

DIA 14

"Anjos e santos que servem ao Senhor, peço que intercedam por mim para que Deus me conceda a honra de glorificar Teu santo nome. Entrego a minha vida em Tuas mãos, meu Pai, e suplico que aceite o que lhe ofereço de todo o meu coração. Amém."

"... as pessoas em si mudam tanto que sempre existe nelas alguma coisa de novo a observar."

(Orgulho e Preconceito - Jane Austen)

DIA 15

"Jesus Cristo, orienta-me todos os dias para que eu consiga cumprir as minhas demandas e necessidades. Que eu possa me inspirar em Tua pureza e ser uma pessoa melhor para merecer a Tua companhia por toda a eternidade, pois nada me alegra mais do que o Teu perdão e o Teu amor. Tome minha vida a Ti e me faça servir-lhe pelos tempos dos tempos. Por Teu misericordioso e Sagrado Coração. Amém."

"Chega uma hora em que é preciso arrancar o Band-Aid. Dói, mas pelo menos acaba de uma vez e ficamos aliviados."
(Quem é Você, Alasca? - John Green)

DIA 16

"Bendito seja Deus, o Pai de nosso Senhor Jesus Cristo, o Pai das misericórdias, Deus de toda a consolação, que nos conforta em todas as nossas tribulações, para que, pela consolação com que nós mesmos somos consolados por Deus, possamos consolar os que estão em qualquer angústia!"
(II Coríntios 1:3-4)

"... nada supera o ato de conversar com um ser humano de verdade para aprimorar as habilidades de comunicação interpessoal."
(Felicidade para Humanos - P. Z. Reizin)

DIA 17

"Meu irmão de paz e caridade, pegue a mão deste servo, que segue com alegria Seus ensinamentos, e estenda Sua proteção a mim em meus momentos de aflição. Só com o Seu poder celestial e a Sua luz bendita conseguirei resolver esses infortúnios. Obrigado(a), Senhor Jesus Cristo, filho puríssimo de Deus Pai Todo-Poderoso."

"Mais vale um bocado de pão seco, com a paz, do que uma casa cheia de carnes, com a discórdia."
(Provérbios 17:1)

DIA 18

"Senhor do universo, que criou tudo e está presente em toda a criação, cuida da minha vida. Eu sei que só o Senhor és exemplo e és a única direção possível, e ofereço-me a Ti, na unidade do Espírito Santo, desde o momento em que fui batizado(a). Faz a Tua obra na minha vida, pois isso me encheria da verdadeira felicidade."

"...escolhi me amar em primeiro lugar e não deixar que as pessoas ditassem como as coisas deveriam ser."
(Não Se Iluda, Não - Isabela Freitas)

DIA 19

"Senhor Deus, permite que este seja um novo dia, que só bons pensamentos venham a nossa mente, que tenhamos bons atos. Fazei que encontremos forças para executar nossas tarefas, desde as mais simples até as mais árduas. Fazei com que possamos enxugar as lágrimas dos que choram. Fazei com que possamos rir e nos alegrar com quem se alegra, mesmo que nosso coração esteja dolorido. Dê-nos pessoas que nos amparem quando sentir que estamos vacilando. Dê-nos uma palavra amiga. Guia-nos por entre as trevas iluminando o caminho e se, mesmo assim, por meio da minha prece eu não conseguir ser tudo isso, que eu honre Seu santo nome e não caia em tentação. Amém!"

"Às vezes, você pode fazer tudo certo, e mesmo assim as coisas dão errado. O importante é nunca parar de fazer o certo."
(O Ódio que Você Semeia - Angie Thomas)

DIA 20

"Meu anjo da guarda, que olha por mim do Céu e me acompanha em meu percurso, abra o meu caminho e remova os obstáculos que me afastam de ti. Sejas o meu elo com Deus para que eu possa retribuir ao Senhor pela graça da vida. Sejas meu melhor amigo."

"Às vezes temos que deixar o nosso mundo para trás e embarcar em uma nova jornada. É a única forma de encontrarmos o que nosso coração mais anseia."
(Mensageira da Sorte - Fernanda Nia)

DIA 21

"Não vos inquieteis com nada! Em todas as circunstâncias apresentai a Deus as vossas preocupações, mediante a oração, as súplicas e a ação de graças. E a paz de Deus, que excede toda a inteligência, haverá de guardar vossos corações e vossos pensamentos, em Cristo Jesus. Além disso, irmãos, tudo o que é verdadeiro, tudo o que é nobre, tudo o que é justo, tudo o que é puro, tudo o que é amável, tudo o que é de boa fama, tudo o que é virtuoso e louvável, eis o que deve ocupar vossos pensamentos."

(Filipenses 4:6-8)

———————✍———————

"Lembre-se, sempre, de que, em quem você está se tornando, é muito mais importante do que o que você está fazendo, mas é o que você está fazendo que determina em quem você está se tornando."

(O Milagre da Manhã - Hal Elrod)

———————✍———————

DIA 22

"Meu amado Deus, peço-lhe encarecidamente que olhe por todos os Seus filhos nessa hora. Precisamos tanto da Sua benevolente paz, ó Deus! Dai-nos a tranquilidade e o amor necessários para a construção de um novo mundo; mais justo, mais fraterno e mais próximo do Céu e de Ti. Toque cada um de nós, principalmente os governantes, com Sua mão sagrada, para que possamos assim garantir um país mais pacífico. Amém."

———————✍———————

"A inspiração chega em raros momentos de distração."

(Paisagens da Alma - Rubem Alves)

———————✍———————

DIA 23

"Deus de clemência, Tu que sois o poder maior, o regente de todas as vidas, a vontade de tudo, olha por aqueles que estão em dificuldades e precisam de Ti. Abençoa e restaura a saúde destes servos(as) e não permita que a tristeza lhe tome a alma. Faça, assim, com que eles(as) possam lhe agradecer de todo o coração. Tu és capaz de operar qualquer milagre, Senhor. Dai-nos a Tua graça. Assim seja."

"É isso que o amor faz: que você queira reescrever o mundo. Que você queira escolher os personagens, construir o cenário, dirigir o roteiro."

(Todo Dia - David Levithan)

DIA 24

"Bem-aventurada senhora rainha da paz, que tanta paz e fé pede ao mundo. Que nós fiéis não nos esqueçamos jamais de rezar e agradecer ao que Deus Pai e seu filho, Jesus Cristo, fazem por nós, e a vós, querida mãe. Que a senhora seja exaltada dia e noite por todos os teus filhos, e derrame todas as tuas bênçãos sobre nós. Amém e paz a todos!"

"Desde então aprendi a coisa mais importante: as decisões que você toma podem se tornar a sua vida. Você é suas escolhas."

(As Estrelas Sob Nossos Pés - David Barclay Moore)

DIA 25

"Jesus, neste momento de festa e alegria, nós demonstramos nossa gratidão a Vós através desta prece. Obrigado(a) por ter vindo a nós, por ter nos ensinado a amar, por ter despejado graças em Teus servos e por ter oferecido a Tua própria vida para salvar as nossas. Que o Natal seja sempre uma data que nos faça pensar no valor da vida e da família, e que lembremos sempre de agradecê-lo, Senhor. Também pedimos a Tua bênção neste dia tão lindo e de tanto significado. Sejas nosso espelho e nosso guia, Jesus, e faça-nos ver a verdadeira luz do Natal. Esteja conosco hoje e sempre. Amém."

"Comecei a entender que a caneta e as palavras podem ser muito mais poderosas do que metralhadoras, tanques ou helicópteros."
(Eu Sou Malala - Malala Yousafzai)

DIA 26

"Pai, livra-me de qualquer vício e me mantém saudável de corpo e alma. Leva-me para a mansidão de Sua luz, afastando de mim qualquer treva, qualquer aflição, qualquer maldade que cruze meu caminho e me tente. Afasta de mim a mentira, o desespero e o medo. Planta em mim apenas a verdade, a esperança e a fé, agora e para sempre. Amém!"

"Quem ama o dinheiro nunca se fartará. Quem ama a riqueza não tira dela proveito."

(Eclesiastes 5:9)

DIA 27

"Deus, preciso conversar contigo para agradecer a grande paciência que me deste para enfrentar as provações da vida. Faça com que eu nunca perca essa calma, por mais difíceis que os desafios sejam. Dai-me forças, meu Pai, para que eu abrigue em meu coração toda a minha família, oferecendo a ela segurança financeira, carinho, dedicação, atenção e, principalmente, amor. Senhor Deus, manda-me a Tua paz. Amém."

"Mas há muitas coisas que não se aprendem só pensando, é preciso vivê-las."

(A História Sem Fim - Michael Ende)

DIA 28

"Ó Senhor Jesus, lhe peço para que Sua graça e proteção abram meu coração e limpem minha cabeça de toda a luxúria e cobiça que me habita. Amém."

"Você só pode ajudar alguém que aceite ajuda."
(Como Eu Era Antes de Você - Jojo Moyes)

DIA 29

"Virgem Maria, Mãe do Salvador, em humildade vos peço que olhe por nós. Clamamos pelo teu amor e pedimos que olhe especialmente pelas crianças, a quem Jesus anunciou que pertencia o Reino dos Céus. Que nunca lhes faltem as bênçãos divinas. Amém."

"O tempo anda devagar, mas passa depressa."
(A Cor Púrpura - Alice Walker)

DIA 30

"Deus nosso Pai, que sois todo amor e bondade, me dê otimismo para encarar o dia de hoje, ânimo para que eu cumpra todas as minhas obrigações, e paciência e compaixão para que eu ajude os necessitados que cruzarem o meu caminho. Assim seja."

"A presença de Deus é a melhor das recompensas."
(A Vida de Pi - Yann Martel)

DIA 31

"Abençoa, Senhor, a vida que tenho. Abençoa, Senhor, a vida de toda a minha família. Abençoa, Senhor, a vida da nossa comunidade, do nosso país e de toda a humanidade. Abençoa, Senhor, para que todos saibam qual é o seu propósito, para que saibam o motivo pelo qual vieram à face desta terra e estão vivos. Que todos saibam da sua generosidade. É preciso, como disse o então santo Papa João Paulo II: 'Que haja uma grande oração pela vida. Que esta oração atravesse o mundo todo. Que de cada coração se eleve uma súplica veemente a Deus, criador e amante da vida'. A sua bênção, Senhor!"

"Você é o melhor juiz de sua própria felicidade."
(Emma - Jane Austen)

221

ORAÇÃO PARA ANO BISSEXTO

"Jesus amado, que renova a cada dia o fervor da vida, da gratidão do espírito, da compreensão dos homens. Pedimos que nos acolha em Seus braços fortes, vibrantes de misericórdia, profundos de força e poder, para que juntos possamos fazer uma aliança de amor e paz. Que sejamos dignos(as) de receber uma gota do sangue purificado de seu sagrado coração e sermos libertos de todo o mal. Suplicamos, filho do Pai, faça-nos vitoriosos e triunfantes, a fim de que possamos distribuir os tesouros de bênçãos que nos deixastes. Nós Vos agradecemos, ó Senhor Jesus. Amém!"

**"A liberdade é como o sol.
É o bem maior do mundo."**
(Capitães da Areia - Jorge Amado)

Colaboradores

Carlos Magno Maia Dias, consultor de religiosidade
Celeste dos Anjos, consultora de religiosidade
Guaraci Silveira, escritor e consultor espírita
Henry Luz, benzedor
Marcello Simon, consultor de religiosidade

Bibliografia e referências

Páginas 5 e 141 – Santa Dulce dos Pobres: frases retiradas do site http://www.irmadulce.org.br. Acesso em 06/11/2019

Página 10 – Emma Watson: discurso de na sede da ONU, em New York, no lançamento da campanha HeForShe, em 20/09/2014

Página 12 – Malala Yousafzai: discurso na Assembleia Geral da ONU, em New York, em 12/07/2013

Páginas 31 e 160 – Chris Gardner: discurso na formatura da Universidade da Califórnia, Berkeley, em 22/05/2009

Página 36, 115 e 192 – Steve Jobs: discurso na formatura da Universidade de Stanford, em Palo Alto, em 12/06/2005

Página 75 – Monja Coen: texto "Respeito e Compaixão" publicado no jornal O Globo, em 16/10/2014
https://www.monjacoen.com.br/textos/textos-da-monja-coen/1626-respeito-e-compaixao. Acesso em 07/11/2019

Páginas 87, 121 e 206 – Neil Gaiman: discurso na formatura da University of the Arts, na Philadelphia, em 17/05/2012

Página 105, 118 e 129 – Padre Antônio Vieira: 318 citações escolhidas e anotadas por Emerson Tin

Página 107 – Natalie Portman: discurso na formatura de Harvard, em 27/05/2015

Página 111 – J. K. Rowling: discurso na formatura de Harvard, em 05/06/2009

Página 123 – Shonda Rhimes: discurso na formatura de Dartmouth, em 08/06/2014

Página 133 e 173 – Jim Carrey: discurso na formatura da Universidade Maharishi de Administração, em Iowa, nos Estados Unidos, em 24/05/2014

Página 166 – Monja Coen: palestra Caminhos da Felicidade no Simpósio Nacional Despertar da Consciência (SINADEC), realizado em Aracaju, Sergipe, promovido pelo Centro de Formação Espiritual Águas de Aruanda em 10/06/2016 - https://www.youtube.com/watch?v=vBGZdorpVDU. Acesso em 07/11/2019

Bíblia Online

Bíblia digital disponível no site www.bibliaonline.com.br

Sagrada Ave Maria, 1ª edição

Primeira edição (Janeiro 2020)
Papel de Capa Cartão 250g
Papel de Miolo Offset 70g
Tipografia Mercurius CT Std e
ITC Berkeley Oldstyle Std
LIS Gráfica